KB230738

백범 김구를 성장시킨 인적 환경

내일을여는지식 교육 8

다중지능 관점에서 본

백범 김구를 성장시킨 인적 환경

류숙희 지음

KSI 한국학술정보(주)

이 연구는 학술진흥재단 2006년도 기초연구과제지원 인문사회분야 단독 연구(창의주제)로 선정되어 지원을 받았음. KRF 2006 – 321 – B00737

사람은 누구나 저마다의 독특한 유전적 소인을 가지고 태어난다. 그래서 어떤 사람은 이 독특한 특성을 잘 계발하여 자아실현을 한다. 그런데 어떤 사람은 그것을 제대로 살리지 못하고, 자기 잠재력이 무엇인지도 모른 채 살아가기도 한다. 잠재력을 계발하지 못하는 경우는 좋은 환경에 좋은 교육의 혜택을 받지 못해서이기 때문일 것이다.

그렇다면 좋은 환경 혹은 좋은 교육이란 도대체 무엇인가? 또한 어떤 사람은 좋은 환경에 좋은 교육의 혜택을 받지 못했는데도 자신의 잠재력을 훌륭하게 실현시킨 사람이 있는데, 이들은 어떻게 그렇게 된 것일까?

이 연구에서는 이에 관한 해답의 열쇠가 주변의 '인적 환경'에 있다는 전제하에 교육의 혜택을 받지 못했지만 주변에서 그를 이끌어 준 사람과의 상호작용의 도움으로 자신만의 독특한 특성을 잘 계발하여 거목으로 성장한 백범 김구의 삶과 그 주변의 인적 환경을 살펴보고자 하였다. 백범 김구의 경우 당시 환경은 교육체제가 아직 정립되어 있지 않았고, 상민이었던 김구의 개인적인 상황 때문에도 그

혜택을 받기도 어려웠다. 그런데 그가 한 사람의 위인으로 성장하는 과정에는 특별한 '인적 집단'이 존재했으며, 특별한 상호작용이 있었다.

사실 그동안 교육과정 및 물리적인 교육환경에 대한 논의와 연구가 이루어져 왔지만, 한 사람에게 장기적이고 포괄적인 영향을 미치는 구체적인 인적 교육환경에 대한 연구가 거의 이루어지지 못했다. 따라서 이와 같은 연구는 좋은 교육환경에 대한 논의를 좀 더 풍부하게 해 줄 것이다.

이 연구를 위해서 백범 김구의 독특한 잠재력을 다중지능이론의 관점에서 재해석한 선행연구(문용린, 홍성훈, 류숙희, 2005; 류숙희, 2004)와 브론펜브레너(Bronfenbrenner)의 생태학적 환경론을 이론적 배경으로 활용하였다. 다중지능이론에서는 인간의 잠재력을 자기성찰지능, 인간친화지능, 논리수학지능, 언어지능, 신체운동지능, 공간지능, 음악지능, 자연지능의 여덟 가지로 이해하고 있다. 선행연구에서 김구의 잠재능력은 전쟁 군인 및 지도자로서 가져야 할 신체적 재능, 세계대전 중에 국가를 잃고 민족말살 위기라는 어려운 시기를 살아야 했던 민족지도자로서의 자아확대력과 자기통제력을 포함한 자기성찰능력, 그리고 사회계층 중 하층이었던 상민이 한 국가의 임시정부 대표자가 되기까지의 남다른 인간친화력으로 정의될 수 있으며, 이는 다중지능이론의 관점에서 신체운동·자기성찰·인간친화지능이 조화된 다중지능으로 설명되었다. 이 독특한 지적 특성이 임시정부의 수장의 역할 및 통일된 문화국가라는 개념과 행위들로 실현되기까지에는 그의 주변의 여러 사람들의 도움이 있었다. 이들과의 상호작용 특성을 내체계, 외체계, 거시체계로 구분한 브론펜브레너의 관점에서 재해석 하였다.

한 사람의 잠재력이 발견되고 계발되는 정도와 양상은 한 개인의 생애를 통해 만나는 여섯 가지의 인적 환경집단의 유무 및 특성과 질, 그리고 그 개인이 이들 집단과 맺는 상호관계에 의해 설명될 수 있다. 즉, 혈연 및 공동생활 관계로 구성된 '가족', 공적으로 가르침을 베풀고 배우는 '스승', 스승은 아니지만 잠재력을 길러 주고자 하는 교육 의지를 가진 '잠재력교사', 동일한 일의 영역에서 뜻과 방향을 같이하며 함께 일하는 '벗과 동지', 동일한 일의 영역이지만 뜻과 방향이 달라 서로의 일에 적이 될 수 있는 '반대자',

그리고 마지막으로 자신의 일을 평가하고 지원해 줄 수 있는 '청중'이다.

김구의 유년기에는 부모와 또래라는 인적 환경의 역할이 컸다. 어린 시기일수록 긍정적 가치와 열망을 심어 줄 수 있는 인적 환경 속에서 성장해야 할 것이다. 지적 발달의 특성이 뚜렷이 드러나지 않은 청년기에는 스승과 잠재력교사의 역할이 지대했다. 따라서 이 시기에는 스승 및 잠재력교사의 역할을 해 줄 사람을 만나는 것이 중요하다. 특히 이 시기 김구는 여러 가지 시도에 의해 형성된 청중과 반대자를 갖게 되며, 선・후배, 스승, 심지어는 반대자나 청중과도 긴밀한 관계를 통해 자신의 행동방식을 정련시켜 갔다. 또한 자기실현이 고도에 이르는 노년 시기에는 선배와 후배, 동지, 원거리에 있는 청중들에게 영향을 주는 존재가 되며, 끊임없이 후세대 및 더 먼 미래를 생각하고 이야기할 수 있는 사람들과 상호작용을 하였다.

후세대를 위해 보다 나은 교육적 환경은 각자의 다양한 잠재능력과 개인차의 가치를 받아들여 주고, 인정하며, 자극해 줄 수 있는 인적 집단과의 경험을 포함해야 한다. 이 과정에는 가족과 친지, 벗들과의 유의미한 상호작용들이 있어야 한다. 그리고 이후 세대의 성장에 관심과 애정을 가진 잠재력교사와 같은 비공식적인 인적 집단 혹은 교육문화가 풍부하고 다양하게 형성될 때 풍부한 교육 환경이 가능해질 것이다.

이 연구에서는 김구라는 한 위인에 관한 삶과 그 인적 환경만을 분석 대상으로 하였다. 따라서 이 연구는 일반화에 한계가 존재하지만, 한 인물의 삶 전체를 관통하는 잠재능력의 발견과 계발, 그리고 성취 과정에 영향을 주는 '인적 환경'에 대한 면밀한 분석을 통해 교육환경의 구성에 고심하고 있는 많은 교육연구자와 실천가들에게 인적 환경에 대한 아이디를 제공할 것이다. 우리가 후세대를 위해 어떤 인적 환경이 되어 줄 것이며, 어떤 역할을 해 줄 것인지, 그리고 주변에 필요한 인적 환경이 존재하지 않을 때는 어떻게 그와 같은 인적 환경을 만들어 가라고 가르칠 것인가에 대해 좀 더 구체적인 이야기를 할 수 있도록 하는 바람이었다. 이후에 다른 지적 영역, 예를 들면 음악, 과학, 문학 등의 영역에서 뛰어난 인물에 대한 잠재력 계발 및 인적 환경에 관한 연구가 지속하고 해석되어야 다양한 분야에서 자기실현을 하고자 하는 잠재력을 가진 후세대들에게 더 풍부하고 적절한 이야기를 해 줄 수 있게 될 것이다.

이 연구에서 발견되는 백범의 생애와 관점에 대해서는 오해 및 오류가 있을 수 있다. 필자는 교육학 영역의 실제와 연구에 관심을 가져 왔고, 관련 자료를 읽어 왔지만, 백범이라는 우리 근세사의 위인을 연구하기에는 역사적, 정치사상적 안목과 지식과 고민의 시간이 부족했다. 이와 같은 연구가 역사, 정치사상사 관련 연구자들과 간학문연구로 진행이 되었다면 하는 아쉬움이 남는다. 따라서 이 연구에는 역사적, 정치사상사에 대한 저자의 부족한 이해와 무지함으로 여러 가지 오류가 있을 수 있다고 생각한다. 그와 같은 오류가 백범을 포함한 많은 애국지사의 숭고한 뜻을 더럽히는 일이 없었으면 하고 간절히 소망한다.

마지막으로 우리 교육학의 거인이자 스승이신 문용린 교수님의 가르침이 없었다면 이 연구는 물론 진행되기 어려웠을 것이며, 30여

년에 가까이 올곧게 백범기념관을 지키시는 홍소연 선생님의 세세
한 도움과 조언이 없었다면 그나마 이 책을 출판할 용기도 없었을
것이다. 이 분들께 감사를 드리며, 이 연구가 한 사람의 발달과 생
애에 대한 심층적인 이해와 인적 환경의 중요성을 주장한 작은 외
침으로 기억되길 바란다.

2009년 5월
저자 류숙희

핵심어: 백범 김구, 인적 환경, 잠재능력 계발, 전생애발달, 다중지능

목차

서문 / 5

1장

인적 환경에 관한 논쟁

1. 연구의 목적

　인간은 유전과 환경의 상호작용의 결과물이다. 사람들은 모두 나름의 특성을 가지고 태어나는데, 그의 인적 환경이 그 사람의 특성을 자극하고 성장시켜 주면, 자신의 특성을 최대한 실현하게 되는 것이다. 그러나 인적 환경이 그의 특성과 맞지 않을 때는 개인의 유전적 장점과 특성은 실현될 수 없다. 이는 마치 양지에서 잘 크는 씨앗을 음지에 심는, 혹은 그 반대로 사막에서 잘 클 수 있는 씨앗을 물이 많은 습지에 심는 것과 같다.

　개인의 독특한 특성을 잘 계발하면 어떤 사람은 자신이 이룰 수 있는 이상보다 더 큰 성취를 이루기도 한다. 그러나 훌륭한 특성을 가지고 태어났어도 그것을 제대로 살리지 못하면 자신에게 잠재력이 있는지조차 모르고 삶을 살아가기도 한다. 그 이유는 적절한 교육의 혜택을 받지 못해서일 수도 있지만, 타고난 잠재력을 성장으로 이끌어 줄 적절한 사람들을 만나지 못했기 때문일 수도 있다.

그동안 교육과정 및 물리적인 교육환경에 대한 논의와 연구는 끊임없이 있어 왔다. 교육 분야에서 근대주의가 풍미했을 당시 평균에 맞춘 최적의 환경과 최선의 교사, 그리고 교육과정이 구성되어 모든 개인이 그에 맞추어 동일한 정도의 도움을 받으며 성장하기를 기대했다. 그러나 이러한 획일적 환경이 어떤 개인에게는 성장을 저해하는 환경이 되었던 예를 우리는 드물지 않게 보아 왔다. 그러므로 특별히 그 기준이 학업성취가 아니라 인생 전체의 성공과 행복, 당사자에게 주는 유의미성과 관련될 때는 교육적 환경이라는 개념을 획일적인 것으로 이해해서는 안 된다. 사실 교육학 맥락에서 개인차와 '환경변인'의 관련성이 의미 있는 연구주제였다.

인간의 발달과 교육을 연구하는 학자들도 오랫동안 이 문제에 관심을 갖고 인간이 어떻게 발달되는가, 그리고 이 발달과정에 영향을 주는 사람들은 누구인가에 대해 연구해 왔다. 2세기 전 갈톤(Galton, 1869)과 비네(Binet, 1905; Binet & Simon, 1973) 등은 인간이 가진 재능을 '지능'이라는 용어로 개념화하여 사람들의 개인특성과 환경과 관련하여 그 발현의 차이를 연구하기 시작했다. 이후 아동을 중심으로 한 가정환경, 학교환경, 사회환경과 지적특성의 발달에 관하여 많은 탐색과 연구가 이루어졌다.

또한 프로이드(Freud, S)는 「청년 루터: 정신분석학과 역사의 연구(Young man Luther: A Study in Psychoanalysis & History, 1958)」와 역사적 전기 연구인 「간디의 진실(Gandhi's Truth, 1969)」에서

한 개인의 삶의 과정과 가족, 친구 및 그가 살았던 역사적 시기의 상호작용에 대해 분석하여 의식 및 정서와 인적 환경의 관련성을 밝히고자 하였다.

인지적·지적 능력의 발달에 관심을 가졌던 피아제(Piaget, 1963)는 인간이 본유적으로 가지고 태어난 지적 발달 프로그램에 영향을 주는 대상으로 '또래'를 지목하고 있다. 또래와의 상호작용을 통해 경험하게 되는 지속적인 인지적 불일치가 지적인 성장을 돕는 중요한 매개라고 보고 있는 것이다.

최근에는 이와 같은 환경에 관한 논의가 IQ, 정서능력보다 더 폭넓은 잠재능력 발달과정과 결부되어 확장되고 있다. 21세기 교육학에 가장 큰 영향을 미치고 있는 다중지능이론가인 가드너(Gardner, 1993)에 따르면 사람들은 여덟 가지 잠재능력 즉 인간친화지능, 자기성찰지능, 논리수학지능, 언어지능, 신체운동지능, 공간지능, 음악지능, 자연지능 중에서 서로 다른 강점을 가지고 태어나며, 이 강점들이 적절한 지적 영역과 의미 있는 인적 환경인 '분야(field)'를 만나게 되면 탁월한 업적에 이르게 된다고 주장하였다.

이러한 주장에 따라 우리나라에서도 백범 김구와 전혜린 등 남다른 인물의 잠재능력의 계발 과정이 연구된 바 있다(문용린, 홍성훈, 류숙희, 2005; 류숙희, 2004). 선행연구에서 김구는 겉으로 보기에 특별한 재능이나 성장에 기여할 만한 특별한 교육경험과 기회는 없었지만 가장 큰 업적을 이룬 인물로 보인다. 그래서 이것이 어떻게 가능했는가에 대한 관심과 탐구가 선행되었다(문용린, 홍성훈, 류숙희, 2005; 류숙희, 2004). 그런데 김구의 독특한 능력과 특성에 관한 분석은 이루어졌지만 김구와 그 주변의 교육적 영향을 미친 인적 환경 및 그 상호작용 과정까지는 분석하지 못하였다. 이 상호작용에 대한 분석은 개인의 잠재력 성장 과정에 대한 탐색 이상으로 교육현장과 관련하여 매우 중요하다.

따라서 이 연구는 우리나라의 대표적 위인으로 지목되는 김구의 생애를 통해 그가 가진 잠재력과 소질을 발견하고 계발하는 데에 영향을 준 '인적 환경' 및 교육적 상호작용의 특성을 분석하는 것에 초점을 두었다. 그리고 이 연구는 백범 김구의 잠재능력 계발 과정에 관한 선행연구(문용린, 홍성훈, 류숙희, 2005; 류숙희, 2004)의 후속작업이라고 할 수 있으며, 기존의 교육적 환경에 관한 논의를 종합 비판하여 다소 색다른 논점을 제공할 것이다.

2. 인적 환경에 관한 연구

인간의 발달에 있어서의 환경의 역할은 오랫동안 교육학자들의 주요한 관심의 대상이었다. 18세기 자연주의 교육사상가 루소는 자신의 교육소설 『에밀(Emil ou de I'Education)』의 첫 구절에서 "조물주의 손이 닿은 것이면 무엇이든 선하다. 그러나 인간의 손이 닿으면 무엇이든 타락한다."고 쓰고 있다. 이는 본래 가지고 태어난 인간성 그 자체의 발현을 중시한 것이다. 이에 반해 환경론자이자 경험주의 철학자인 존 로크는 백지상태(tubula rasa)로 태어난 인간을 강조하여, 주변 환경에 절대적으로 의존하는 인간을 주장하며 교육적 환경의 중요성을 강조하였다.

이 두 철학자의 유전과 환경의 중요성에 대한 서로 다른 입장은 세계대전 이후의 쌍생아 연구와 더불어 20세기 교육계를 달구는 중요한 논쟁이 되었다. 이 논쟁은 1994년 발표된『종형 곡선(Herrnstein R. J. & Murray, C, 1994』에서 유전의 결정적 중요성이 강조되면서 환경 및 교육을 통한 인간의 변화 가능성은 한계가 많은 것으로 일단락되었다. 또한 성인기까지의 지능발달 연구에서도(Schaie. K. W. 1996: 299) 유전이 발달적 변화에 있어 중요한 역할을 한다는 것이 검증되면서 결론이 나는 듯했다. 즉 인간 능력의 종단적 변화는 계속성(continuity)과 관련이 되며, 이 계속성이 유전적 영향을 받고 있다는 것이다. 이 계속성 때문에 심리적 환경으로서의 가족과 다른 독특한 개인의 특성이 유지되며, 성인기 이후의 발달된 모습이 더 유전적인 특성을 갖는 경향이 있다고 보는 것이다. 즉 사람들은 나이가 들수록 개성을 찾으며, 이는 유전적 특성을 발현하는 것으로 보인다(Schaie. K. W. 1996: 302, 303; Plomin & Thompson, 1987)는 것이다. 이처럼 유전의 중요성을 강조하는 연구결과에 따라 교육 및 환경에 의한 인간의 변화와 발전 가능성은 축소되는 경향이 있었다.

그러나 블룸(Bloom, 1964)은 환경이 인간의 특성에서 일어나는 변화의 범위와 종류를 결정해 주며, 환경이 미치는 영향은 인간발달과정에서 가장 급격한 발달을 가져오는 시기에 더 크고, 환경이 그 환경에 접한 모든 인간을 동일하게 변화시키는 '강력한 환경'이 되는 경우가 있다고 주장하였다. 또한 김진순(1990)은 유전 가능성은 이미 바꿀 수 없는 것이며, 변화하고 조작할 수 있는 것은 환경으로, 우리가 중시해야 하는 것은 결국 유전과 환경의 상호작용에 기초한 가정환경의 개념화와 이를 실천에 옮길 수 있는 전략에 대한 폭넓은 연구라고 지적하였다.

이와 같은 지적은 교육적 환경과 유전적 소질의 상호작용을 통한 바람직한 변화 추구라는 교육계의 희망과 바람을 표현한 것이다. 그리고 이는 인적 환경이 사람을 얼마나 변화시킬 수 있느냐보다는 인적 환경이 어떻게 사람을 변화시키느냐에 초점을 두게 한다. 그러므로 다양한 잠재력이 어떤 인적 환경들과 어떤 상호작용 속에서 발견되고 성장되며 발현될 수 있는가를 다루는 것이야말로 의미 있는 교육적 주제라 할 것이다.

그동안 인적 환경은 가정환경, 학교환경, 사회환경으로 구분되어 연구되어 왔다. 일반적으로 성격발달이론가 프로이드의 영향을 받은 많은 이론들이 가족 내에서의 아동의 초기 경험을 장래의 지적·정서적·사회적 발달의 가장 중요한 요인으로 보고 있다.

가정환경이란 개체에게 작용하는 외적인 자극과 조건을 모두 포함하는 물리적·생물학적·사회적·정신적 측면을 총칭하는 것으로서, 단순히 개인을 둘러싸고 있는 외계가 아니고 유기체에 감각되어 경험되는 총체이다(박경한, 2005).

가정환경은 일반적으로 '물리적 환경'과 '심리적 환경'으로 구분된다. 물리적 환경에는 양친의 상태, 거주지의 생태적 환경, 집의 크기, 내부 문화시설, 경제적 지위 등이 포함된다. 심리적 환경에는 개인에게 작용하는 외적 조건과 자극이 일정한 규칙에 의해 조직·체계화되어 있는 구조적 상태를 의미하는 문화·영양·위생·언어·생활공간·강화체제·가치지향·가치체계·집단특성 등을 포함하는 구조적인 측면(Structure Environment)과 외적 자극과 조건 및 조직화된 체계가 개인과의 상호작용을 통해 일어나는 분위기 또는 풍토로서 수용·자율·보호·성취·개방 등의 변인으로 구성되는 과정적인 측면(Process Environment)을 포함한다(정원식, 1974; 정원식, 1989; 백정재, 이재연, 1997).

가정환경이 학교환경이나 사회환경에 비해 보다 강력한 영향력을 지닌 환경이며, 물적 요인보다는 인적 요인이 더 큰 작용을 한다고 생각하였다(정원식, 1987; 박경한, 2005).

학교의 인적 환경에는 학교에 관련된 사람들이 포함된다. 이 중에서 학교의 여러 주변인의 기대가 매우 의미 있는 역할을 한다. 교장, 교감, 일반교사의 행동과 태도는 아동에게 그들이 얼마나 가치 있는 존재이며, 무엇이 될 것이며, 사회가 어떤 역할을 바라고 있는가에 대한 주요한 메시지를 제공한다(정계숙, 1984). 교사의 기대와 학업성취와 관련해서 보면, 능력에 대한 기대변인과 학습성취도 간에 긍정적인 관계가 있는 것으로 나타났다(김언주, 1975).

그런데 이와 같은 가정환경, 학교환경, 사회환경에 관한 연구들에 포함된 여러 요인들의 상호관계 및 인과관계를 구조적으로 접근한 환경 개념이 필요하다. 이것은 이하의 브론펜브레너의 생태학적 환경론에서 잘 표현되었다.

3. 브론펜브레너(Bronfenbrenner)의 생태학적 환경론

브론펜브레너의 환경에 대한 생태체제이론은 환경의 질과 맥락에 초점을 둔다는 점에서 이전의 교육적 환경의 특성을 보다 잘 종합정리하고자 하는 시도라 볼 수 있다. 브론펜브레너의 '인간발달생태학(ecology of development)'은 성장하는 인간 유기체와 그가 살고 있는 변화하는 환경 사이의 생애에 걸쳐 일어나는 점진적인 상호작용을 과학적으로 연구한 결과물이다(이두연, 2001). 아동은 그 주위에 인접한 환경을 중심으로 다음 <그림 1>과 같이 몇 겹의 구조로 체계화된 생태계 속에서 발달하고 있다고 한다.

미시체계에는 개인의 삶의 상황, 가족, 동료, 학교, 이웃이 포함되며, 대부분 직접적으로 상호 작용하며, 당사자가 환경을 구성하게 된다. 또한 미시체계에는 친구와 이웃, 부모의 애착, 교육방법, 형제의 관계, 친구와 우정, 학교의 경험도 포함된다. 그동안 환경을 다루는 대부분의 연구가 여기에 초점을 두었다. 미시환경의 대인 구조에서 가장 중요한 것이 참여자들의 역할과 관계이다(Bronfenbrenner & Crouter, 1983; 이두연, 2001).

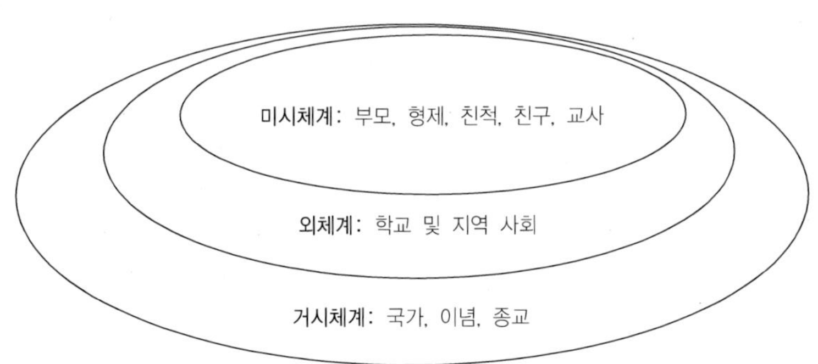

〈그림 1〉 브론펜브레너의 생태학적 환경 모형

아동의 발달에 영향을 미치는 일(사건)은 아동과 반드시 직접적인 관계를 가진 것이 아니다. 아동과는 직접적인 상관이 없이 부모나 아동과 상호 작용하는 또 다른 성인에게 영향을 주는 일들이 일어나는 장면이 있다. 이를 외체계라고 부른다. 발달하고 있는 개인이 능동적으로 참여하지는 않지만 그를 포함하는 장면에서 일어나는 상황에 영향을 주고받는 사건들이 일어나는 하나 이상의 장면을 의미한다. 외체계로는 친척, 이웃, 가족의 친구, 대중매체, 사회복지 및 법률 서비스 등이 포함된다. 이 외체계는 부모와 그 밖의 사람을 통해 아동의 발달을 제한하거나 영향을 미쳐 행동을 결정한다(Bronfenbrenner, 1977; 이두연, 2001). 즉 외체계는 가족, 동료, 학교, 이웃이 관련된 사회단체, 또한 매스미디어, 정치, 놀이시설, 유흥업소 등도 포함될 수 있다.

이 외체계를 감싸고 있는 것을 거시체계라고 한다. 거시체계는 개인이 살고 있는 문화 속의 태도 및 이념, 정치성향, 기독교윤리, 민주주의, 인종을 포함한 문화 등을 말한다.

미시체계·외체계·거시체계 이외에 브론펜브레너(Bronfenbrenner, 1994)는 두 가지 체계를 추가하였다. 하나는 중간체계인데, 이것은 미시체계 사이에 그리고 미시체계와 외체계 사이의 상호관계로 볼 수 있다.

브론펜브레너(1979)는 개인이 변화하는 관계 역학(evolving relational dynamics)을 이해하는 한편, 이에 더해서 변화하는 환경을 개념화한다고 생각했다(Nelson, 2000: 78). 즉 중간체계의 역할을 강조한 것이다. 외체계와 중간체계의 관련성과 관련하여 예를 들면, 미국과 소련은 당시 자국의 아이들에 대해, 미시체계·외체계·거시체계가 미래 세대인 아이들에 대한 관심을 표하게 되는데, 이 표현이 중간체계로 개념화될 수 있으며, 이것이 아동의 성장 과정에 영향을 미친다고 본 것이다.

중간체계는 아동이 적극적으로 참여하는 2가지 이상의 미시체계들 간의 관계로, 아동이 새로운 장면으로 들어가는 시점, 즉 생태적 전이(ecological transition)가 일어날 때 생긴다. 학교와 가정 간에 가치·경험·목표·행동양식 면에서 합의되거나 중복되는 부분과 접촉이 많고, 서로 지원적일 때 아동에게 긍정적인 중간체계가 존재하게 된다. 그래서 헤스(Hess, 1984)는 학교와 가정과의 접촉이 학교 적응을 높이는 의미 있는 변인이라고 하였다.

칼슨(Carlson)은 가족에서 생태학적 환경이론을 적용하여 미시 수준이 주관적인 개인사, 중간 수준(meso-level)이 가족의 상호작용 패턴, 외수준이 가족에게 영향을 미치는 공식적·비공적인 체계, 거시 수준이 신념이나 가치체계를 포함하는 사회·문화적 요소들을 의미한다고 하였다(Nelson, 2000).

또 하나의 과정체계는 시체계이다. 이것은 삶을 거쳐 일어나는 환경상의 사건 및 변화 패턴을 말한다. 선행연구에 따르면 시체계에는, 발달상의 중요한 시기나 시간에 의해 만들어진 결과, 예를 들면 이혼 후 1년의 영향, 딸보다 아들에게 영향을 미치는 것(Hetherington, 1989)과 같은 현상, 혹은 사회역사적 조건이 포함된다.

중간체계와 시체계는 내체계·외체계·거시체계와는 달리 상호작용 과정 및 시간의 흐름을 포함하고 있다. 따라서 이는 체계(system)라는 말보다는 상호작용 방식 혹은 시간영향 등으로 용어를 이해하는 것이 더욱 쉽다.

브론펜브레너(1971)의 생태학적 관점은 서로 영향을 미치는 가족, 학교, 지역사회 및 더 큰 사회와의 상호작용 과정에 초점을 둔다. 그렇기 때문에 아동의 발달을 총체적으로 이해할 수 있게 해 주고, 그들을 돕기 위한 개입전략의 근거를 마련해 주며(이두연, 2001), 한 장면에 국한되지 않은 여러 사람의 상호작용체계와 환경의 여러 국면을 고려해야 한다고 주장하여 맥락 내의 발달(development in context)을 강조하고 있다.

따라서 이 연구에서는 이 관점을 포함하여 한 개인의 발달에 영향을 미치는 인적 환경을 보다 더 다면적이고, 체계적으로 이해하고자 하였다.

4. 위인 주변의 인적 환경

평범하지 않은 남다른 인물의 인적 환경에 대한 학문적 탐구는 캠벨(Campbell, 1949)로부터 시작되었다. 캠벨은 주로 신화(神話) 속 영웅에 대해 관심을 가지고 있었는데, 당시 신화 속 영웅은 사람들에게 내면화된 상징체계의 기본 틀이자 가치와 관념을 반영한 인물로 인식되었다(김두헌, 1966: 19). 또한 영웅 중심 역사관의 주창자인 카일라일에게 영웅은 초월적 인물(great man)로 주변 사람과 다를 뿐만 아니라(이상회, 1975: 317), 영웅의 주변에는 옳은 추종자와 잘못된 반대자가 있을 뿐이며, 추종자를 이끌고 반대자와 싸워 이기는 형태였다.

이후 사회결정론과 상징적 상호작용론 입장에서 보는 영웅이나 위인들에 관한 연구에서는 위인이 피교육자를 위한 규범적 가치관을 설정해 주는 수단과 사고, 그리고 행위의 귀감 역할(이상회, 1975: 328)을 하는 존재이며, 사회 가치관을 구체화하여 반영한 화신(이상회, 1975: 317)으로, 일반사람은 그에게 영향을 받는 존재로서 위인에게 영향을 주는 인적 환경이 아닌 위인의 영향을 수용하는 인적 환경의 개념이 우세하였다.

이들 연구와는 다르게 위인의 심리적 성장 과정에 대한 관심을 가진 정신분석학적인 연구에서는 유아기에 부모와의 관계 속에 나타난 중요한 사건들에 대한 심층 분석을 통해 위인의 성취 이면에서 작용하는 정서적 동기와 에너지의 근원을 유아기의 가족관계 속에서 탐색하고자 하였다. 대표 저서는 에릭슨이 저술한 『청년 루터』(Erikson, 1958; 최연석 역, 1982)였는데, 에릭슨은 어릴 적 아버지와의 관계에서 비롯된 콤플렉스와 자아 정체감의 형성 과정이 루터의 성취를 이루게 한 정신적 힘의 근원이라고 주장하였다. 또한 에릭슨은 투쟁적인 비폭력운동의 기원에 대한 『간디의 진실(Erikson, 1969)』에서도 간디의 삶의 과정을 일종의 콤플렉스 극복과 정체감의 회복과정으로 인식하였고, 부모와의 관계방식이 그의 삶에 에너지로 작용한다고 보았다.

그러나 기존의 선행연구들과 달리 다중지능이론가인 가드너(Gardner, 1993a, 1998)는 위인의 형성에 영향을 준 주변의 인적 환경과 그들과의 상호작용 분석을 위해 비범한 사람들을 대상으로 그들 생애 속에 일어나는 주변 사람들과의 상호작용을 통한 변화 경로를 추적하는 연구(Solomon, Powell, & Gardner, 1999)를 시작하였다. 이후 그는 여러 연구(Gardner, H., Csikszentmihalyi, M., & Damon, W., 1998; Gardner, 1991)를 통해 '의미 있는 타자' 혹은 '의미 있는 교사'의 중요성을 연구하였다.

그리고 그루버(Gruber, 1982, 1988, 1990)의 인물유형 연구, 사이몬튼(Simonton, 1984, 1989, 1990, 1999)의 인물 연구, 칙센미하이(Csikszenmihalyi, 1988, 1990, 1996)의 체제분석 연구는 이와 같은 가드너의 연구, 즉 특별한 성취를 보인 인물의 인적 환경에 대한 고찰을 더욱 풍부하게 하였다.

특히 가드너(1993a)는 잠재능력계발을 개인특성(Individuality), 지적영역(Domain), 주변인적환경(Field)의 세 요소로 구분하여 분석하였다.

또는 그루버의 대표적 연구인 과학자 찰스 다윈에 관한 연구에서, 비범한 인물이 삶을 살아가는 동안에 겪는, 인물이 몰두한 특정 분야의 지식구조와 발달과정, 그리고 인물이 겪은 정서 경험과 다른 사람과의 상호작용에도 주목하여 연구해야 한다고 주장했다. 또한 사이몬튼(Simonton, 1999)은 비범성을 만들어 가는 과정에서 발견할 수 있는 일반 법칙을 연구하여 역사적으로 뛰어난 지적 성취와 창의성을 보인 사람들의 자료를 양적으로 분석하였고, 그들이 인생 중 어느 시기에 가장 창의적이며, 이때 주변 사람들이 어떠한 영향을 주었는지에 관해 분석하였다.

이처럼 여러 학자들은 비범한 인물, 혹은 위인의 형성 과정에 관여한 '인적 환경'을 추종자, 적, 의미 있는 타자, 친구, 스승, 부모, 의미 있는 교사, 콤플렉스의 형성자, 경쟁자로 분류하여 연구하였다. 그러나 이들이 구체적으로 위인과 어떤 상호작용을 하여 그와 같은 영향을 주었는가에 관한 밀도 있는 체계적 분석 및 언급이 아직 충분하지 않다.

국내의 관련 연구 역시 외국의 선행연구처럼 '인적 환경'에 대한 면밀하고 집중적인 분석보다는 개인특성, 지식 및 상징 영역, 관련 인사로 구성된 인적 분야 전반에 관한 분석 연구였다(문용린, 이광형, 안태진, 2004; 류숙희, 2004; 문용린, 홍성훈, 류숙희, 2005; 안태진, 2003). 인물의 발달과정을 밝히려는 목적을 가진 이들 선행연구들은 인물에 따라 다른 양상을 보이는 성취와 다중지능과 관련된 해석 그리고 그 발달과정을 분명히 하였지만 그들이 주변의 사람들과 어떤 관계를 맺었는가에 대해서는 충분히 서술하지 않았다.

그러나 선행연구의 여러 인물들의 고유한 잠재능력을 계발할 기회를 찾도록 격려했던 주변의 인적 환경의 특성 및 그들 간의 상호작용 방식이 분석된다면 어린 학생들에게 기성세대들이 해야 하는 교육적 역할은 보다 분명해질 것이다. 즉 지적 능력이 계발되는 과정에 있어 인적 분야의 특성과 상호작용을 통한 잠재능력의 계발 과정을 교육적으로 분명한 함의를 찾아내기 위해서는 인적 환경에 대한 좀 더 심층적이고 면밀한 분석이 필요하며, 이는 선행연구들이 미처 읽어 내지 못했던 '교육적 환경'이라는 중요한 문제를 다루는 데 의미 있는 시사점을 줄 것이다.

2장

연구방법

1. 전생애 사례연구법(life-span case study method)

2. 분석 방법

이 연구는 백범 김구라는 한 인물을 대상으로 한 전 생애 사례
연구방법을 사용하였다. 따라서 백범 김구의 생애와 생애 전체를
통한 잠재력의 발달과정 및 그에게 영향을 준 인물들과의 상호작
용을 분석하기 위해 백범 김구의 주요 삶의 사건 17가지(류숙희,
2004)와 기타 삶의 사건(450개) 속에 상호 작용한 인물 574명을
직접적인 분석 대상으로 하였다.

1. 전생애 사례연구법(life – span case study method)

연구에 사용한 방법은 전 생애 사례 연구방법(life – span case
study method)이다. 한 사람을 대상으로 전체 생애를 다루기 때문
에 심리전구적 탐구방법이며 동시에 사례 연구방법에 채택하는 해

석적인 방법을 취한다.

사례 연구란 경험적인 연구방법으로 실제적인 맥락에서 현재의 현상을 연구의 대상으로 하며, 연구 관심인 현상과 그 현상을 둘러싼 환경 혹은 맥락의 한계가 불분명할 때 주로 사용되며, 사실을 밝히기 위해 다양한 종류의 자료가 필요할 때 이용된다(Yin, 1989, p.23; 류지성, 1997). 비록 사례 연구가 일반적으로 비과학적이고 부정확한 연구라는 편견이 있으나 '어떻게' '왜'라는 질문에 답하기 위해 주어진 문제에 대한 설명 및 인과관계 등의 설명이 필요한 경우에 적절하다(류지성, 1997). 잠재력을 대상으로 연구한 사례 연구에는 그루버(Gruber, 1982, 1988, 1990)의 인물유형 연구, 사이몬튼(Simonton, 1984, 1989, 1990, 1999)의 인물 연구, 그리고 칙센미하이(Csikszenmihalyi, 1988, 1990, 1996)의 체제분석 연구, 가드너의 체제분석 연구가 있다.

특히 가드너(Gardner, 1993a)는 인물의 지적 강점과 특별한 성격, 특이한 성장환경, 가족이나 친구, 스승과 같이 중요한 영향을 준 사람들, 그리고 그 개인이 지적 강점을 발휘하는 특정 영역과 개인을 둘러싸고 있는 사람들이나 사회문화 환경인 분야 등 세 가지 요소에 주목하였고, 이 요소들 간의 역동적인 상호작용을 위인의 생애를 통해 연구하여 밝히고자 하였다.

이 연구는 또한 과거 인물을 대상으로 한 심리전기적 탐구를 하고 있다. 집중적이고 심층적인 자료를 가져야 하기 때문에 여러 대중을 대상으로 하기보다는 독특한 사례를 대상으로 하며, 단편적이고 흩어져 있는 한 인간의 삶의 전기적 자료들을 하나의 이야기로 전환하여 설명하기 위해 심리학적 이론을 체계적으로 이용하는 심리전기적 방법론(Psychobiography)이다(정석환, 1999; McAdams. 1994, p.2).

심리전기적 방법론에서는 개인이 시간의 흐름에 따라 자신을 어떤 방식으로 이해하는가를 여러 자료, 예를 들면 면담, 개인의 기록들, 개인에 대한 관찰, 심층면담 자료들, 그리고 한 개인의 자서전적 자료 등을 통해 드러낸다(James, 1902). 또한 헨리 머레이(Henry Murray)의 총체적 인간탐구 방법론의 관점이 사용되어야 하는데, 전체로서 한 인간을 연구하기 위해서는 인간의 삶의 궤적을 알아야 하고, 그 궤적을 추적하기 위해서는 심층면접과 전기적 자료가 중요하다.

이 연구는 사례 연구이자 심리전기적 탐구방법이며, 동시에 전 생애 탐구방법을 사용한다. 여기서 태어나서 죽을 때까지, 혹은 성년기까지의 전 생애를 대상으로 하는 이유는 인간의 발달과 과정 변화가 주된 관심이기 때문이다. 일종의 종단 연구의 대안이라고 할 수 있다. 사실 생활세계를 재구성하는 개인의 행위를 연구하는 것은 사회체계에 의해 체계적으로 순응된 인간이 아닌 적극적이고 발달의 잠재력을 가진 사회의 참가자로서의 개인을 의미하는(Beck, U, 1986; 박성희, 2003, 3) 측면도 있기 때문에 생애사 연구의 관점이 필요하다.

실제로 머레이는 살아 있는 인간이 직접 고뇌하고 미래를 설계하는 삶의 현장을 중시하여 자연스러운 상태에서의 인간의 모습을 관찰하는 것을 무엇보다 중요시했다(정석환, 1999, 259 - 260). 인간을 한 측면, 한 시점의 연구만으로는 이해할 수 없다고 생각하여 생애 전 주기를 강조한 것이다. 또한 맥아담스(McAdams)도 인간 이해의 핵심은 인간에게는 자신의 이야기를 스스로 구축하고 편집할 수 있는 능력이 존재한다는 사실이며, 인생 주기에 다른 인간의 자전적 궤적을 종합적으로 접근하여 파악할 때 인간에 대해 총체적으로 접근할 수 있다고 주장한다(정석환, 1999, 271; MaAdams, 1990).

실제로 잠재력 발달과정은 전 생애를 통틀어 살펴볼 때 선명히 그 과정을 가늠해 볼 수 있다. 심리적 발달과정이 연구 대상이기 때문에 위인의 이해 및 심층적인 내부자적 관점이 필요하다. 따라서 개인의 해석과 이해에 초점을 둔 생애사의 관점을 따른다. 또한 연구 대상의 추리를 통해 주변을 인식하게 된다. 그러므로 생애 사건이 분석 대상이 되는 경우가 많다. 또 연구 자료는 심리 연구 자료가 사용했던 자료들을 사용하는데, 면담 자료, 회고 자료, 자서전적 자료를 대상으로 한다.

요약하면, 전 생애 사례 연구방법은 기존의 패러다임으로는 어떤 현상이나 사태를 설명하고 이해하는 데 많은 한계나 문제점이 있을 때에 대안적인 패러다임을 모색하는 연구 노력(Lincoln & Guba, 1986; 김희백, 미상)의 일환으로 정리될 수 있다. 그러므로 전생애 사례연구법(life-span case study method)은 기존의 사례 연구, 심리 전기 연구, 총체적 인간탐구, 인물 연구, 생애사 연구의 관점과 철학을 취하여, 과거의 한 인물이 태어나서 죽을 때까지의 전 생애의 발달과정을 주 대상으로 하는 연구방법을 말한다.

그런데 이와 같은 전생애 사례 연구방법이 가지는 주요한 한계점은 한 사례를 벗어난 일반인으로의 '일반화 가능성'에 있다. 즉 백범 김구의 잠재력 계발 과정과 그 주변의 교육적·인적 환경의 특성을 밝혔다고 해서 그것이 곧 오늘날의 교육상황, 즉 시대가 다른 오늘날의 교육에 그대로 활용될 수 있다라고 말하기 어렵다. 그러나 이와 같은 관계에도 불구하고 다양한 인물과 상황에 대한 분석연구가 지속된다면 중요한 교육적 함의를 얻을 수 있을 것이다. 그러므로 이를 위한 검증 연구가 더 많은 사례와 상황에서 지속되어야 하는 것은 당연하다.

2. 분석 방법

이 연구의 분석 대상은 김구의 주변 인물이다. 그러나 분석은 주변 인물이지만 분석내용은 김구와 주변 인물의 상호작용이다. 따라서 이 연구를 위한 분석 자료는 첫째, 두 아들에게 남긴 김구 자신의 생애 기록인 『백범일지』이다. 여기에 김구 자신이 남겨 놓은 기록인 편지, 연설문, 신문기사 등도 포함된다. 그리고 김구가 지목한 여러 인물에 관한 문헌 또한 주요한 자료가 된다.

『백범일지』는 김구의 나이 53세에 임시정부 국무령을 지내면서 집필한 것으로, 자신의 생애 기록과 생전에 도움을 주었던 일, 개인적인 사건들에 대해 멀리 고국 땅에서 살고 있는 11세와 7세 어린 아들에게 남기는 글이었다. 그리고 하권은 그의 나이 67세에 쓴 것으로, 임시정부와 그 주변 일을 중심으로 썼다.

『백범일지』의 뜻은 글자 그대로 '평범한 사람(白凡)의 이야기'이다. 그러므로 『백범일지』는 김구가 자신이 만났던 사람들에 대한 비교적 진솔한 해석이 포함된 가장 적절한 자료로 볼 수 있다. 또한 『백범일지』에는 총 574명이 언급되어 있는데, 이들 모두가 일차 분석 대상이었다. 이들 모두의 연보를 찾아 1차 자료를 수집하였다.

생애기록을 조사하는 과정에서 『백범일지』 외에 다른 자료에서 찾을 수 없었던 사람도 있었다. 예를 들면 동학접주시절 김구의 용장 이용선이나 김구에게 중요한 사람들을 만나게 해 준 인천감옥의 간수 최덕만 등은 『백범일지』 외의 자료에서는 찾을 수 없었다. 이들은 『백범일지』에서 나타난 내용을 중심으로 재구성하여 해석에 초점을 두었다.

그 다음 자료로는 선행연구(류숙희, 2004; 문용린, 홍성훈, 류숙희, 2005)에서의 김구의 다중지능 프로파일인 신체운동지능, 인간친화지능, 자기성찰지능이 발달하는 과정에서의 김구의 자아인식, 발견, 실현에 있어서의 전환기나 중요 사건<표 1>을 중심으로 김구가 기록한 사람들, 그리고 백범기념관에서 오랜 시간 자료정리를 해 온 자료전문가(홍소연, 김만식, 2008)와 토론을 통해 김구가 기록한 사람들에 관련된 문헌 및 문헌 외 대담 및 일화 등의 내용을 추가로 검토하였다. 또한 김구의 주변 인적 환경으로서 여러 학자들에 의해 지목되고 있는 의미 있는 관계를 가진 인물에 대한 문헌 자료를 추가로 분석하였다. 그리고 오랫동안 상호작용을 하며 김구에게 영향을 주었던 인물 36명에 초점을 두어 기술하였다.

<표 1> 17개 주요 생애 사건(류숙희, 2004, 34 - 35)

번호	사건 이름	개요	연령 (연도)
1	양반아이들과 싸움	양반아이들에게서 이유 없이 맞은 몰매에 복수하려 하였음	5~7세 (1880 ~82)
2	글 선생과 결별	글공부를 위해 어렵게 글 선생을 구하였으나 함께 다니던 아이 아버지 신 존위의 질시 때문에 이 선생은 쫓겨남	12세 (1887)
3	과거 응시	신분상승을 위해 과거에 응시하였음	17세 (1892)
4	동학접주 로서의 실패	해주지역 동학군의 팔봉 접주로 활약하였으나 알력관계에 있던 동학접주 이동엽에게 패함	19세 (1894)
5	스승 고능선과 만남	동학군전투에 패하고 안 진사 댁으로 피신생활을 하던 중 스승 고능선을 만남	20세 (1895)
6	스치다 살해	국모시해에 복수하고자 왜병 스치다를 치하포에서 살해함	21세 (1896)
7	탈옥	스치다 살해 범인으로 투옥되었으나 탈옥함	23세 (1898)
8	승려생활 종결	탈옥 후 승려생활을 하다가 삶의 지향이 다른 곳에 있음을 깨닫고 승려생활을 그만둠	24세 (1899)
9	재투옥	신민회 사건에 다시 투옥됨	36세 (1911)
10	백범으로 호를 지음	투옥 중에 독립 의지를 더욱 다지며 스스로 백범으로 작호	37세 (1912)
11	상해 망명	3·1운동이 일어나자 독립운동을 계속하기 위해 상해로 망명함	44세 (1919)
12	이봉창 사건	임정활동을 하며, 이봉창을 동경에 파견하여 일황 살해를 의도함	57세 (1932)
13	윤봉길 사건	윤봉길로 하여금 상해 홍구공원에서 천장절 기념식장에 폭탄을 던지게 함	57세 (1932)
14	장개석과의 회담 및 임정규합	장개석과의 회담 덕으로, 김구는 임시정부 내 입지를 굳히면서, 점차 약해지는 임시정부를 추슬러 세움	60세 (1935)
15	한국독립당 재정비	정치 및 건국이념이 갈리면서 당이 서로 갈릴 때 민족민주주의를 표방한 한독당 재정비	65세 (1940)
16	반탁 운동	미, 소, 중의 결정으로 일본에서 해방되고 김구는 반탁운동을 시작함	70세 (1945)
17	남북 연석회의 및 김일성과 회담	통일된 민족국가를 만들기 위해 남북연석회의를 제안하고, 방북하여 김일성과 회담함	73세 (1948)

그리고 브론펜브레너의 모형에 따라 중요한 영향을 준 사람으로 지목되었거나 김구 자신이 의미 있는 영향을 준 36명을 내체계·외체계·거시체계로 정리하여 보았다. 그 내용은 다음 표와 같다.

<표 2> 잠재력 계발 단계별 관련 인물

번호	김구 나이 (연도)	발달 시기	관련 인물		
			미시체계	외체계	거시체계
1	0세~ 13세 (1876 ~1888)	아동기	아버지 김순영 동네 양반 아이들 친척 글 선생 이 생원	상민 문중 양반	반상제도 과거제도
2	13세 ~36세 (1888~ 1911)	청년기	어머니 곽낙원 하은당 김형진 작은아버지 김준영 오응선, 최시형 고능선 고능선의 손녀 이동엽 우종서 안태훈 김주경 유완무와 성태영 안중근 여옥 최준례 안신호	불가 문중 유학자 동학 유학 의병 항일 일제 자생적 구국집단	개화사상 구국운동 불교 민족국가 팽창주의 구국운동
3	36세 ~70세 (1911~ 1945)	성인기	이재명 김홍량 최광옥 안창호 이동녕 이시영 이동휘 나석주 이봉창 윤봉길 장개석	신민회 한인애국단 일본제국 임시정부 한국독립당 미국 한인협회 중국정부 한국국민당 하와이, 멕시코, 쿠바 노동자	기독교 구국운동 독립운동 팽창주의 독립운동

번호	김구 나이 (연도)	발달 시기	관련 인물		
			미시체계	외체계	거시체계
3			엄항섭 안공근 주애보 김원봉		
4	70세 ~73세 (1945 ~1948)	노인기	김인 여운형 김규식 김일성 이승만	대한민국 북한 미국 소련	냉전 분단

그리고나서 김구의 다중지능 계발 과정 및 김구의 심리 특성과 관련하여 이들 인물들이 인적 환경으로 김구에게 어떠한 영향을 미쳤는가를 정리하였다. 그리고 그 교육적 시사점을 탐구하였다.

3장

백범 김구의 잠재력 계발 과정

1. 백범 김구의 다중지능 특성
2. 백범 김구의 성장 과정과 잠재력 계발

1. 백범 김구의 다중지능 특성

잠재력이란 개인이 갖는 지적 소양 및 특성으로서, 개인이 교육 및 훈련을 통해 성취를 이룰 수 있게 한다. 잠재력은 다양한 여러 가지 소양인데 다중지능의 개념으로 해석할 때 다양한 개인의 능력이 보다 더 이해하기 쉽고, 교육적으로 의미 있게 해석할 수 있다. 왜냐면 다중지능은 이론 틀을 가지고 있는 개념으로서, 그것을 설명하는 개념뿐 아니라, 개념의 관계망과 교육적 해석과 기여를 가능하게 하기 때문이다. 원래 다중지능(Multiple Intelligence)은 미국의 교육심리학자 가드너가 기존의 지능 개념의 문제점을 지적하고, 보다 폭넓고 다양한 인간의 정신 능력을 몇십 년 동안 집중하여 연구한 결과물로서, 가드너가 『마음의 틀』(1984)에서 처음 사용한 용어이다. 그러나 오늘날 전 세계의 수많은 심리학자 및 교육학자들의 교육 관련 연구들이 뒷받침되어 교육실제를 위한 활용가치가 높은 이론이 되었다. 특히 이와 같은 사례연구로서 가드너는 여러 위인의 다중지능 특성과 계발과정(1993a 등)을 연구하였다.

이 관점에서 볼 때, 김구의 잠재력은 신체운동적 특성, 자기성찰적 특성, 인간친화적 특성을 포함하고 있다(류숙희, 2004; 문용린 외, 2005). 즉 다중지능이론의 여덟 가지 지적 능력인 자기성찰지능, 인간친화지능, 논리수학지능, 언어지능, 신체운동지능, 음악지능, 공간지능, 자연지능 중에서, 김구의 경우는 세 가지 지적 능력, 즉 신체운동지능, 자기성찰지능, 인간친화지능이 조화된 잠재력을 가지고 있었다(류숙희, 2004).

신체운동지능(Bodily – Kinesthetic Intelligence)은 일반적으로 몸을 사용하는 여러 상징, 기술 및 예술 등을 쉽게 익히고, 창조하는 능력으로, 자기 몸을 잘 다룰 수 있을 뿐 아니라 움직이거나 운동을 할 때 생기는 문제를 잘 해결할 수 있는 능력으로 정의된다. 김구는 심신의 강인함이 탁월하였고, 신체적으로 기민하였다. 또한 남다른 담력과 결단력, 단호함과 지구력을 가지고 있었다. 또한 김구는 청년기에 동학혁명과 김이언 의병 전투에의 참전, 스치다 사건 그리고 많은 독립운동 전력과 상해 임시정부 시절 경무국장의 업무 수행, 직접 경호원을 훈련시키고, 일본군들을 매번 피할 수 있는 신체적인 기민함과 예민한 신체감각, 그리고 강한 체력과 신체 조절력을 갖추고 전쟁투사(戰士)로서 활약할 수 있었던 것이 이 신체운동적 잠재력과 능력을 잘 활용하였기 때문이다.

자기성찰지능은 자기의 역할과 특성 등을 잘 인식하고 자기가 갖는 감정 범위와 종류를 구별해 내고, 그런 감정에 이름을 붙이고 자신과 관련된 문제를 풀어내는 능력이다. 훌륭한 자기성찰지능

을 가진 사람은 실행 가능하고 효과적인 모범으로 자기 자신을 선
택하여, 자신을 위해 정확하고 진지한 삶의 목표를 세우고 그 목
표가 자기 삶에 효과적으로 작용하도록 활용한다. 김구는 평범한
사람들이 갖기 어려운 인내력과 자기통제력이 있었고, 자신의 처지
와 위치에 대해 냉정하게 직면할 수 있을 뿐만 아니라 끊임없이
자기를 훈련하고 통제하는 힘이 있었는데, 이것은 자기성찰지능이
발현된 모습이다.

김구의 민족주의는 그의 자기성찰지능이 당시의 시대와 문화에
맞게 승화된 결실로 볼 수 있다. 김구는 혈연에 중심을 둔 민족지
상주의자(신복룡, 1981)로 인정되는데, 역사와 혈연공동체를 바탕
으로 한 민족국가 수립에 대한 그의 주장은 안으로는 자유, 평등,
문화 창달을 표방하는 자유민주주의이며, 외세의 간섭 없이 한민족
의 완전한 통일, 자주 독립을 지향하는 민족주의이다. 김구에게 민
족은 모든 것의 판단 기준(이동현, 1983)임과 동시에 자기가 확장
된 모습이다.

인간친화지능(Interpersonal Intelligence)은 인간관계 문제를 처리
하는 능력을 의미한다. 다른 사람의 기분이나 동기, 바람이 무엇인
지를 잘 이해하고 그에 적절하게 반응할 수 있는 능력, 즉 주위에
있는 다른 사람의 기분을 잘 식별하고 다른 사람들의 의도와 요구
를 잘 파악할 수 있으며 그에 바탕을 두고 행동할 수 있는 능력이
다. 김구는 겨레의 지도자로 불리는데, 이는 그가 끊임없이 민족이
나아갈 바를 성찰하고 제시하였기 때문이다. 그는 사람들 앞에 가
치를 제시하고, 동기화시킬 수 있는 방법을 알고 있었고, 이것은
그의 잠재력 중의 하나인 인간친화지능을 계발해 온 덕이다. 특히

김구는 겨레의 큰 스승, 겨레의 등불, 민족의 영원한 사표(師表) 등으로 불리며, 사후에 더욱 큰 평가를 받았다. 이처럼 김구의 지도력이 인정을 받게 된 것은 일제강점시대 민족해방운동전선에서 펼친 좌우합작 민족통일전선운동과 해방 이후 추진한 자주독립과 통일민족국가 수립운동, 즉 남북협상 때문으로 볼 수 있다(강만길, 1999). 그는 평화통일 운동을 제안한 대표적 정치가이기 때문이다 (도진순, 2003). 그는 민족이 나아갈 바를 꿰뚫어 보고, 비전을 제시하였다.

김구의 인간친화지능이 최대로 실현된 결실은 삼균주의(三均主義)의 채택이라고 볼 수 있다. 김구가 임시정부의 주요 정치강령으로 표방한 삼균주의는 재산, 정치 그리고 교육을 민족 전원이 균등히 향유하자는 정치이상으로, 김구 자신이 가난한 집안에서 태어나서, 교육 혜택을 제대로 받지 못한 삶을 살았기 때문에 모든 민족 구성원들이 살아가는 데에 이 세 가지를 평등하게 나누면서 문화적 삶을 함께 누리며 살아가길 바랐다.

2. 백범 김구의 성장 과정과 잠재력 계발

김구의 생애를 통해 발현된 김구의 잠재된 이 세 가지 능력이 계발되어 성취로 나아가는 과정을 발달 시기에 따라 요약하면 다음과 같다(류숙희, 2004).

첫째, 출생에서부터 13세까지의 소년 시기는 김구의 잠재능력의 특성이 싹트는 시기이다. 김구는 최초의 불평등조약인 강화도조약이 가시화되기 직전인 1876년 황해도 산골에서 상민의 아들로 태어났다. 시대의 혼란과 더불어 상민이라는 신분 때문에 제대로 공부를 하기 어려웠지만, 특별한 정의감과 조선 시기의 문중애를 가진 가족 사이에서 사회에 대한 관심을 발달시켰다. 타고난 신체적 건강함과 부모로부터 물려받은 결단력, 신분 및 지위, 평등에 대한 민감함이 이 시기 김구가 보여 준 잠재능력의 틀이다. 실제로 사대부 집안이 아니어서 경서를 배우지도 못했고, 무인의 집안도 아니어서 무예를 닦을 기회도 없었던 김구는 특별한 교육기회나 생활경험, 배움의 기회 없이 가난과 상민이라는 계급의 굴레 속에서 잠재력의 성장이 억제되었다.

이 시기는 출생 이후 해주 서촌의 상민의 자녀로 태어났지만 가족과 문중의 보호하에 김구 자신의 다중지능 특성과 '지식 및 상징 영역', 인적 환경인 '분야'가 서로를 자극하여, 김구의 고유한 지적 특성의 '틀 짜기'가 시작된 시기이다. 이 시기에 아버지와 문중은 김구의 지적 성향을 결정짓는 중요한 요인이 되었고, 이 시기에 김구가 형성한 특정 지적 영역에 대한 열정과 관심은 이후 김구의 다중지능 계발을 견인하는 중요한 동인이 되었다. 그러나 구체적으로 이 과정이 어떻게 이루어지고, 김구의 아버지와 문중 사람의 삶의 어떠했는가를 살펴보는 일이 필요하다.

둘째, 김구의 청년시기는 자기정체성을 확립하고 잠재력을 실현하고자 한 수많은 시도로 점철되어 있다. 욕망도 많았고 실패와 좌절감도 깊은 시기였다. 청년기에 나타나는 특성은 누구나 불안정한 정서 상태(Anderson, Lewin, Hollingworth, Hall 등)를 가지게 된다. 격변하는 시대 속에서 김구 역시 과거시험 실패, 동학 농민 장수로서의 패배와 피신, 치하포에서의 일본군 스치다 살해, 투옥과 탈옥, 불가 입적과 환속이라는 여러 가지 사건을 겪으며, 절망감을 느낀다. 그러나 청년기에 보인 김구의 정서는 오늘날의 청소년들과는 또 다른 것이었다. 김구는 미래와 삶의 방향을 지금보다 훨씬 예측하기 어려운 시대에 살았다. 김구 스스로가 적이라고 규정한 양반과 외세 등이 끊임없이 김구를 괴롭혔고, 생명의 안전과 가정의 행복이 보장받을 수 없는 조건이었던 것이다.

이러한 상황에서 미래의 계획과 비전을 가지고 잠재력의 발전을 꾀한다는 것은 매우 어려운 일이었다. 따라서 김구의 잠재능력은 때로는 청년시기에 누구나 겪는 불안정성으로 균형을 이루지 못하여 발전의 방향을 잃기도 하였다. 어렸을 적부터 싹터 왔던 신체운동지능, 자기성찰지능, 인간친화지능이라는 잠재적 지적 특성의 틀이 자기 내부에서조차 조화를 이루지 못하도록 시대는 그를 힘들게 하였다. 김구는 자기를 위해 마련된 학교나 교육지침, 안정된 생계가 없는 상태였으며, 그의 잠재력은 사회와의 적절한 연결고리를 찾지 못했다.

이 시기 김구는 사회 입문식을 치를 기회를 갖게 된다. 그러나 마음속에는 반성과 혼란, 후회, 분노와 용기, 그리고 포기와 절망감이 교차하는 용광로와도 같은 시절이었다. 그가 할 수 있었던 일은 그저 고심하고, 결정한 것을 과감히 실행하고, 그 실행결과의 실패에 대한 교훈을 얻는 것이 전부였다. 그러나 김구는 어린 시절부터 꿈꾸었던 평등한 세상에 대한 열정은 잃지 않았다. 이는 이후 자신을 실현하고 잠재력 계발을 지속할 수 있는 중요한 에너

지원이 되었다. 또한 김구는 이 시기에 자기 신분을 극복하고자 엄청난 에너지를 투입하였으며, 반상제도를 철폐하고 평등한 사회를 이룰 수 있는 방법을 끊임없이 모색하였다. 이와 같은 모색 과정 속에서 김구는 비록 자신이 원하는 것을 얻지는 못했지만 자신의 잠재력과 능력을 어떤 분야에서 펼쳐야 할 것인가를 선택할 수 있었다.

또한 과거에서의 실패, 동학, 투옥, 탈옥, 입적, 환속의 파란 많은 삶의 사건을 포함하고 있는 시기로서, 김구의 고유한 지적 특성은 혼란한 시대와 더불어 왜곡되고, 위축되고, 또는 불균형하게 발달되었다. 김구의 유년기에 형성된 지적 특성의 틀은 이 시기에 다소 와해되기도 하고 왜곡되면서, 김구의 자아를 크게 위축시키기도 했고, 혼돈스럽게 만들었다. 이와 같은 시기에 어머니와 김구의 상호작용은 김구의 자기계발을 이끈 결정적인 정서적 후원자로서 인식될 수 있다. 또한 의미 있는 스승과 동료의 기대는 이와 같은 혼돈기에 김구의 지적 계발의 토대를 형성해 준 밑거름으로 작용했던 것 같다. 청소년기의 교육에 대한 시사점을 얻기 위해서, 이 시기에 어머니는 또 스승은 김구와 어떻게 상호 작용하였는가를 자세히 살펴보는 것이 필요할 것이다.

이 시기 김구는 여러 가지 지적 상징 세계를 접한다. 과거시험을 준비하며 읽은 중국 역대의 사료를 비롯하여 정치규범과 대의명분을 포함하는 『통감(通鑑)』, 중국의 정치 역사를 다룬 『사략(史略)』, 당시 학문의 시작으로 일컫는 『대학(大學)』 등을 탐독한 것이다. 또한 중국 전래의 비서(秘書)로 알려진 『마의상서(麻衣相書)』, 『지가서(地家書)』 등의 책과 『육도(六韜)』, 『삼략(三略)』 등의 병서를 읽기도 했다(조동걸, 2002b). 그리고 유학자 고능선을 통해 접한 유학의 도리와 인간관계에 관한 철학, 『태서신사(泰西新史)』, 『세계지지(世界地誌)』와 같은 신지식을 비롯하여 불교와 기독교의 원리와 관점을 접하게 된다.

이를 통해 김구는 동학의 농민 세계, 위정척사의 의병 세계, 계몽주의의 근대 세계가 충돌하는 과정에서 동학, 의병, 개화와 계몽으로 이어지는 당시 근대 민족운동 속에 기저하는 대표적인 사상에 대해 경험하였다(도진순, 1997, p.23). 또한 28세에는 기독교에 입문하였다. 김구가 을사조약 강제체결 반대운동에 참여하여 이후 임시정부의 여러 요인을 만나게 된 것도 그가 관서지방의 지도적인 기독교인이었기 때문에 가능했다(최기영, 2003, p.36).

이와 같은 김구의 사상과 신념, 사회체제, 이념 등의 전전 과정에 영향을 미친 청소년기의 중요한 인적 환경은 스승과 몇몇 중요 인사들이었다. 그러므로 이들과의 상호작용 양상을 자세히 살펴볼 필요가 있다.

셋째, 장년기의 김구는 타고난 능력을 활용하여 자신이 지향하는 가치를 이루기 위해 매진하였다. 교육운동을 하고, 임시정부에서 활동하며 독립운동을 적극적으로 펼친 것이다. 김구의 신체운동지능은 더욱 내면화되어 신체적 기술을 후배들에게 가르쳐 주었고, 인간친화지능 역시 정교하게 발달하여 두 지능이 함께 작용하며 지도자로서 원숙한 활동을 할 수 있었다. 또한 시련으로 더욱 숙성해진 자기성찰지능이 함께 조화를 이루어 김구의 고유한 지적 특성인 신체운동지능·인간친화지능·자기성찰지능은 그의 생애의 가치 있다고 생각하는 과업을 훌륭하게 수행하는 데 기여하였다.

김구의 신체운동지능은 전쟁 시기의 지도자로서 적절한 수준에 도달하여 일본 경찰의 수색을 피하고 조직적인 항일 군사작전을 지휘하도록 하였고, 자기성찰지능과 인간친화지능의 세련된 조화와 더불어 고난을 헤쳐 가는 지도자의 역할을 수행하였다.

김구의 장년기의 활동은 항일독립운동사와 맥을 같이한다. 그의 투쟁력, 친화력, 민족과 이념에 대한 고민과 세계대전 후의 혼란한 세계정세, 한민족의 자기 확립과 인식 등은 김구뿐 아니라 우리 민족에게도 중요한 화두였다. 이 시기 김구가 독립운동가와 정치가로서의 전문성을 획득한 것은 지도자 역할에서 협력자 역할, 그리고 촉진자 역할을 추가하였다고 볼 수 있다. 그러므로 이 시기의 김구와 주변 인물들의 상호작용 과정의 탐색을 통해 성인기 교육 및 평생교육에의 함의를 얻을 수 있을 것이다.

또한 이 시기는 김구가 농촌계몽운동에 뛰어들기도 하고, 교육운동을 하기도 하고, 임시정부의 각료로서도 활동하면서 적극적으로 독립운동을 행했던 시기이다. 김구의 신체운동지능은 더욱 내적으로 승화되어 인간친화지능의 정교화 및 효율성을 극대화시켰으며, 이에 더하여 시련으로 더욱 숙성해진 자기성찰지능은 잘 조화되어 김구의 고유한 지적 특성으로서 매우 훌륭하게 과업들을 수행하게 만들었다.

김구는 일의 효율성을 위해 무엇보다 스스로 노력하였고, 다른 사람의 노력을 격려하는 한편, 그들의 강점과 약점을 파악하여 조직의 균형과 발전을 꾀하였다. 또한 이 시기 김구는 조직과 관련하여 목적한 결실을 이루었고, 그 결실을 거름으로 또 다른 결실을 만들어 내어 지속적으로 지혜를 형성하는 과정을 반복해 갔다.

지혜의 반복 형성 과정은 김구의 잠재력 계발에 있어 매우 중요한데, 그 이유는 그의 열망과 잠재력을 끊임없이 통합시키려는 노력 과정에서 그의 지적 성장과 실현이 얻어진 것이기 때문이다(류숙희, 2004). 그러므로 이러한 삶의 여정을 걸어온 김구가 어떤 사람들과, 혹은 어떤 단체와 어떠한 상호작용을 하였는가를 살펴볼 필요가 있다.

넷째, 노년기이다. 이 시기 김구는 해방과 더불어 새로운 정치문제를 접하고 해결책을 모색하는 과정에서 그가 지닌 특별한 지적 강점을 활용하여 새롭게 문제를 제시하고 해결하는 방향으로 나아갔다. 그리고 이후에는 역사의 교훈이 될 만한 중요한 행적을 남겼다. 김구는 국내외에서 인정하는 민족 지도자로서 인식되었고, 유년기에 싹을 틔웠던 잠재력을 의미 있게 실현하였다.

김구는 이때에 해방과 더불어 새로운 정치문제에 접하고 해결책을 모색하면서, 그가 가진 특별한 지적 강점을 최대로 활용하여 이후에 교훈이 될 만한 중요한 사상과 정치행위들을 도모하였다. 이 시기에 이르러 김구는 '민족의 지도자'로서 행동하게 되었고, 그가 유년기부터 싹을 틔웠던 지적 잠재능력을 실현시켰다고 볼 수 있다.

1945년 해방과 더불어 정치인 김구는 새로운 정치문제에 접하고 해결책을 모색하면서, 그가 가진 특별한 지적 강점을 최대로 활용하여 이후 교훈이 될 만한 중요한 사상과 정치행위를 남기게 되었다. 사실 해방 이후 미국 당국자들의 말을 빌리면 김구는 '독립운동의 신적 존재'였다(정용욱, 2007. p.347).

이 시기의 김구는 이제 민족주의 계열의 정치지도자로 불릴 수 있다. 여러 경험을 교훈으로 자신이 이루고자 하는 지혜의 정점을 보여 주었으며, 민족의 발전을 도모하고자 하였다.

김구의 진지한 성찰과 핵심은 민족과 관련된 자신의 역할과 임무에 대한 규정이었다. 그러므로 이 시기는 김구의 잠재능력 실현과 관련하여 그 어떤 때보다 역사와 문화에 대한 안목과 인식, 성찰의 자기계발 특성이 두드러진 시기였다. 그리고 이로 인해 사망 이후에도 그가 지향한 가치와 행위는 상징물이 되어 실존하였다. 그것은 정치인 김구가 아닌 가족 그리고 민족을 사랑했던 사람들의 지도자 김구이다.

아무리 훌륭한 잠재력을 타고났다 하더라도 자신의 잠재력을 인식하지 못한다면, 혹은 인식하였다 해도 환경의 어려움에서 쉽게 좌절할 만큼 문제해결력과 결단력이 약하다면, 그리고 문제를 정확히 보고 판단하는 절제력과 자신감이 존재치 않는다면 타고난 잠재력은 성장하기 어려울 것이다.

이와 같은 잠재능력의 계발과 실현과정을 살펴보면, 타인과의 상호작용이 중요한 역할을 했음을 알 수 있다. 이것은 중요한 교육적 질문을 제기한다. 즉 김구는 잠재능력 계발 과정에서 구체적으로 어떤 사람들과 어떤 영향을 주고받았으며, 이 상호작용이 김구의 잠재능력의 발견과 계발 과정에서 어떤 점에 영향을 미쳤는가? 또 그들이 무엇을 생각하고, 어떤 가치를 지향하였으며, 김구와 어떤 심리적 교류를 하였으며, 그것이 김구의 잠재능력 발견과 계발 과정에 주는 교육적 의미가 무엇인가?

이 연구의 초점은 김구의 잠재능력 계발과 실현과정에서 제기된 이 중요한 교육적 질문에 대한 답을 얻는 것이다. 이제 연구결과를 기술하고자 한다.

4장

백범 김구를 길러 낸 여섯 가지 인적 환경

1. 가족
2. 벗과 동지
3. 스승
4. 잠재력교사
5. 반대자
6. 청중

선행연구에서 고찰했듯이 인적 환경은 가정 – 학교 – 사회, 내 – 외 – 거시체계, 유의미한 타자들을 포함한다. 이들을 김구의 잠재적 발달과정과 관련하여 분석하였을 때 여섯 가지 인적 환경으로 구분할 수 있었다. 우선 가족, 스승, 친구이다. 일반적으로 사람들 대부분이 가족과 스승, 친구를 갖는 것처럼 김구에게도 그와 같은 가족, 스승, 친구들이 있었다. 그런데 김구의 경우에는 가족, 스승, 친구 외에 그의 잠재력의 계발을 이끌어 준 특별한 인적 집단이 있었다. 그들은 교사는 아니지만 김구의 잠재력 계발 과정에 중요한 영향을 미친 사람들로 '잠재력교사'라고 부를 수 있을 것이다. 또한 김구처럼 적에게서도 교훈을 얻어 내는 특성을 가지고 삶의 후반부에 민족주의자로 분류되는 사회 분야의 위인은 그와 다른 입장을 가진 반대자들이 있다. 반대자들은 위기를 만들기도 하지만 그 위기를 통해 한 사람의 잠재력은 더욱 강건해지고, 포용적이고, 섬세해지는 경향이 있다. 또한 '청중'은 또 하나의 중요한 인적 집단이 되는데,

김구와 개인적 연고가 없지만 김구가 주장하는 바에 매료되고, 반응하고, 격려하는 사람을 의미한다. 이 청중의 특성에 대해서는 가드너(Gardner, 1993a)가 이미 '분야(Field)'라는 용어로 정리한 바 있다.

따라서 이하에서는 가족, 벗과 동지, 스승, 잠재력교사, 반대자, 청중의 순서대로 백범 김구의 주변 사람들이 존재하는 사회, 그의 개인특성, 김구와의 관계, 상호작용 양상 그리고 그들이 속한 집단이라는 외체계와 그들이 영향받은 가치와 신념 등의 거시체계를 중심으로 기술하고자 한다.

1. 가족

'가족'은 혈연 및 부부 관계, 더하여 의식주의 생활을 같이 하며 정서적 의존 관계를 맺는 인적 환경이다. 가정의 심리적 환경변인, 즉 부모를 비롯한 가족 성원과의 다양한 상호작용, 가치 지향성, 심리적 분위기, 집단특성 등은 한 개인의 잠재력의 발현과 성장에 의미 있는 영향을 미친다.

신분계급이 명확한 반상제도 내의 구한말에 어린 시절을 보낸 김구에게는 자신의 신분 상승과 차별받지 않는 사회적 생활이 중요하였다. 또한 아버지를 포함한 김구의 가족은 서로에 대한 정서적 응집력이 강하였고, 삶의 태도와 방식에 있어 자율성과 개방, 성취를 격려하였고, 김구에게 전폭적이며 애정 어린 지원을 해 주었다. 그리고 이는 험난한 시대 상황 속에서도 김구의 잠재력이 발견되고 계발되는 데 의미 있는 인적 요인으로 작용하였다.

가족의 구성원은 가치를 공유할수록 서로에 대한 공감대나 영향을 미치는 정도가 커지며, 이는 개인이 가진 잠재력의 발현방식이나 발현 정도에 큰 영향을 미친다. 가족이 가진 가치와 가족집단의 성격, 즉 서로에 대한 역할 기대나 긍정적·부정적 태도, 그리고 가정의 응집력이 높은지 그렇지 않은지에 따라 잠재력의 발현과 계발에의 영향은 그 정도가 다르기 때문이다(박경한, 2005).

1) 가치 선택을 위한 감수성과 행동의 모델, 아버지 김순영

김구의 아버지 김순영(金淳永)은 1849년 5남매 중 2남으로 태어났다. 김자점의 후예인 그에게는 형 백영(伯永)과 동생 필영(弼永), 준영(俊永)이 있었고, 평범한 농민 집안이었다. 김순영은 효심이 각별하여 어머니 임종 시에 가난한 형편 때문에 약을 쓰기 어렵자 자신의 손가락을 잘라 어머니 병구완을 하였다(김구, 1928). 그리고 형제들 중에 형편이 가장 좋지 않아서 세 집안이 딸들을 서로 교환하여 결혼시키는 삼각혼으로 24세에 늦은 결혼을 하였다. 김구는 결혼 후 3년이 지나 얻은 외아들이었다. 가난과 효심, 그리고 인습은 김구가 태어나기 전부터 가지고 있던 가정의 특성이었다.

김구의 아버지는 체격이 좋고 성격이 호방한 인물이었다고 한다. 그는 술에 취하면 인근에 살고 있는 강씨와 이씨 등 양반에게 시비를 건 탓에 여러 번 감옥에 갇히기도 하였다. 또한 양반사회에 불만이 많은 편이었는데, 이러한 행위는 김구에게 강렬한 인상을 남겼다. 김구의 기억에 의하면 어릴 적 아버지 김순영은 양반들에게 주먹을 휘두르곤 하였으며, 구타를 당한 사람들은 때린 사람의 집에 누워 있으면 상처가 쉽게 치료된다는 속설을 믿고 때로는 김구의 집 마당에 드러누워 있기도 했다. 그러나 김순영이 무자비한 폭력을 행사한 것은 아니었다. 즉 행실이 좋지 않은 양반을 상대로 주먹을 쓴 것이다. 그래서 이를 두려워한 양반집단은 김순영을 도존위에 천거하기까지 하였다.

그러나 양반에 대한 적대감이 매우 컸던 김순영은 그 직을 유지하지 못하고 곧 그만두었다. 당시 양반들이 보여 준 혹정의 모습은 기울어 가는 구한말의 혼란 상태를 그대로 반영한 것이었다. 훗날 동학농민군이 봉기한 것도 민생을 돌보지 않는 정치, 경제적 혼란, 양반 및 관원들의 학정 때문에 기인한 것이었다. 대부분의 상민과 농민들은 그 당시 김순영처럼 모두 불만을 품고 있었던 것이다. 그러나 김순영은 불만을 직접 표출한 사람으로는 두드러진 면이 있었다. 이처럼 김순영은 아들 김구에게 생계에 연연하지 않고 처벌과 감금을 두려워하지 않는 자신의 가치와 생각을 표현하는 행동방식에 대한 모델 역할을 하였다.

자녀들은 대부분 불만과 불안 등 부모가 느끼는 것을 그 이상으로 여과 없이 받아들이는 경향이 있다. 즉 부모의 정서와 가치, 선호를 전달받는 것이다. 그동안 수많은 연구들을 통해 밝혀진 것처럼 부모의 사회경제적 지위는 부모의 관심사와 가치를 반영하며, 이것은 그대로 자녀들에게 전달된다. 그래서 사회경제적 계급은 상속되는 경향이 있다. 즉 한 사회의 구조적 특징과 그 구조를 구성하고 있는 행위자들 간의 지적·정서적 상호작용을 통해 문화가 후세대에게 은연중에 재생산되는 것이다(김기석, 1991).

사실 가족 및 가정환경은 외부의 관찰보다 가족에 속한 당사자 자신의 관찰이 더 의미 있는 경우가 많다. 사실 개인의 행동은 개인이 보는 객관적 사실 자체에 대한 반응이 아니라, 특정한 개인에게 객관적 사실이 어떻게 투사되어 지각되느냐에 따른 행동이므로(Bronfenbrenner, 1979; Weiner, 1985), 가정환경의 파악에 있어서도 부모가 누구인가보다는 아동이 부모를 어떻게 지각하느냐가 더 의미가 있다(백정재, 이재연, 1997). 굿윈(Goodwin, J. S, 2003)도 발달 그 자체보다 발달적 지원체계로 특징지을 수 있는 시스템 속에서 발생하는 상호작용에 대한 지각(perception)에 관심을 두고 연구하였다. 김구의 경우도 마찬가지이다. 그가 속한 집안과 그의 아버지 김순영이 상민 집안이라는 것보다는 그 아버지가 세상을 어떻게 이해하고 어떠한 행동방식을 가진 사람으로 김구가 보았느냐가 훨씬 중요하다.

김구에게 아버지 김순영은 무엇보다도 가치선택을 위한 감수성, 그리고 행동 모델의 역할을 하였다. 김순영이 처한 가난과 상민계급, 소박한 효심과 집안에 대한 책임감과 관심 등은 이미 김구가 태어나기 전부터 가정의 특성이었고, 그것은 그대로 김구의 아버지 김순영이 처한 환경이기도 했다.

또한 부모의 영향력을 보면, 김순영처럼 자식의 요구를 적극적으로 수용하고 남다른 애정과 관심을 가지며 아들의 미래에 희망을 가지고 있는 아버지는 자녀들에게 절대적인 영향을 미치기 쉽다(Alan, 1993). 즉 이와 같은 아버지의 자녀들은 아버지를 보다 더 동일시하려 하고, 자기 확신과 자신감을 가지는 것이다. 따라서 아버지의 행동과 가치, 습관을 그대로 닮아 간다.

상민 신분의 김순영은 비록 가난하였지만 외아들의 공부를 위해 이웃들과 마음을 모아 서당 선생을 모셔 주었다. 그리고 끼니를 잇기 어려운 형편에도 어렵게 지필묵을 구하여 과거를 보게 하였다. 아들의 생업을 걱정하여 김구에게 관상과 풍수 공부를 추천하였고, 김구가 동학에 입도할 때에는 매우 귀한 백미와 백지, 황촉(黃燭)을 마련하여 입도식 예품으로 준비해 주었다.

아버지 김순영은 세상에 대한 불만과 인간다운 삶에 대한 끊임없는 욕구를 가진 한 사람으로, 김구에게 안타까움과 애정의 대상이었다. 그리고 김구는 가난과 신분제로 인한 구한말의 아픔을 온몸으로 경험하며 살아가고 있는 아버지에게 특별한 삶을 선물한다. 김순영이 46세에 이른 해에 양반, 그것도 황해 지방에서 덕과 학식, 품성으로 신분에 상관없이 칭송을 받고 있는 유명한 유학자와 양반 집안으로부터 남다른 대접을 받게 된 것이다. 이는 그의 아들 김구 때문이었다. 당시 김구의 나이는 19세였다. 어느새 청년으로 성장한 김구는 지혜와 품성, 담대함이 남달랐는데, 시대를 짊어지고 나아갈 청년 김구를 알아본 안태훈 진사는 김구의 아버지에게 생계를 유지할 수 있는 길을 마련해 주었다.

이후 김순영은 큰 인물로 성장해 가는 아들 김구의 뒷바라지를 하며 일관된 삶을 산다. 그는 안태훈 진사의 덕으로 청계로 이주하였다가 김구가 치하포에서 민 황후 시해에 대한 복수로 변장한 일본군을 처단하고 투옥되자 김구를 따라 인천으로 가 옥바라지를 하고, 김구가 탈옥하자 서울 감옥에서 3년 가까이 아들 대신 옥살이를 한다. 그리고 안악으로 돌아와 노심초사 아들을 기다리다가 다음 해에 아들이 피신해 있는 평양으로 찾아간다. 이 시기 김순영은 아들이 하고자 하는 모든 일을 적극 지지하였다. 그러나 승려가 되어 머리를 깎는 것만은 크게 반대하여 결국 김구는 승려생활을 정리하고 집으로 돌아온다. 치하포 사건이후 집에서 머물 때에도 내 집안일은 네가 알아서 하라고 했던 아버지가 김구의 출가를 극구 말린 이유는 김구의 아버지가 자식에게 자율성을 주지만 그것이 그가 이해할 수 있는 범위에서 이루어진다는 것이다. 아버지와 아들의 상호이해는 아들의 발전을 위해서 매우 중요하다.

아버지 김순영은 51세 되던 해에 임종하였다. 그는 죽기 직전까지 14일 동안이나 김구의 무릎을 베고 있었다 한다. 아버지의 임종을 맞은 김구는 당시를 '평생 친구가 된 유완무, 성태영 등의 주선으로 연산으로 이사를 하여 아버지의 이웃 마을 양반 강씨 이씨로부터 상놈이라는 이유로 받은 뼈에 사무치는 한을 풀어 드리지 못함이 슬프다(김구, 1942; 도진순 주해, 2001: 181)'고 쓰고 있다.

김구에게 김순영은 생의 중요한 문제의식과 해결방식을 보여 주고, 사랑과 가르침을 준 엄격하면서도 믿음직한 아버지였다. 김구는 아버지의 분노를 통해 살아가면서 중요시해야 할 가치에 대한 감수성을 발달시켰다.

2) 사회적 행동의 규제자 가문

김구의 가족은 해주 서촌의 상민 집안으로서 당시의 반상제도라는 거시적인 사회제도 속에 묶여 있었다. 김구에게 문중은 아버지의 확대한 모습이자 또 다른 보호자였다. 아버지와 형제, 아버지의 삼촌, 아버지의 할아버지와 할머니들, 더 넓게는 고모의 시집까지 이르는 김구를 둘러싼 대가족, 혹은 집성촌락의 여러 사람들은 어린 김구의 사회화를 돕고 강화시키는 인적 환경이었다. 이들 중에는 젖이 부족한 어머니를 대신하여 젖을 나누어준 핏개댁도 있었고, 공부를 하기에는 어려운 상황에 놓여 있는 김구를 면비학생으로 공부를 시켜 준 큰어머니도 있었다.

집안 혹은 가문은 집단 구성원들의 행동을 규제하는 여러 가지 규범 및 제도와도 밀접한 관계를 가진다. 그리고 이런 규범들은 집안에 따라 각기 독특하고 다양하게 나타나기 때문에 집안의 특성이 된다. 또한 가문은 그 집안 자녀들의 사회화 과정에 큰 역할을 담당한다. 특히 김구가 성장한 그대로 1890년대는 가문이 개인의 행동에 중요한 준거기준(準據基準)이었으며, 개인의 행동이 가문의 특성과 관련되는 경향이 더욱 많았다. 한 예로 김구의 삼촌 준영은 조부의 장례에서 실수를 저질렀는데, 이때 문중 어른들은 발뒤꿈치의 근육을 절단하는 극단적인 처방을 내려 바람직하지 못한 행동을 다스렸다. 이는 가문이 내부규제자의 역할을 한 것이다.

김구가 강한 애착을 가졌던 아버지는 문중의 통제를 받는 대상임과 동시에 이끌어 가는 사람이었다. 따라서 김구는 가문의 영향을 많이 받았으리라 추측할 수 있다.

애정의 대상이자 훈육공동체 역할을 했던 김구의 집안은 다양한 사회 모순과 이데올로기 등과 맞닿아 있었으며(김영선, 2001), 그 중심에는 아버지가 문제로 여겼던 신분제도가 있었다. 새로운 사돈을 만나러 가기 위해 밤중에 몰래 관을 썼다가 양반에게 발각되어

관을 찢긴 문중 할아버지를 통해 상민으로서의 아픔과 설움, 문중의 좌절과 분노를 동시에 가지고 있었던 것이다.

아무리 무한한 능력을 자랑하는 인간의 상상력도 '가족'의 행동, 가치, 해석방법 그 이상을 상상할 수는 없다(김영선, 2001). 그러나 김구는 양반제도에서 오는 신분차별로 인한 슬픔과 좌절감에 빠져 있는 아버지와 문중을 통해 차별의 설움을 생생하게 내면화하여 설움과 분노를 인내력과 집념으로 승화시켜, 이후 일본의 식민 지배를 받고 있는 민족의 독립을 위해 부단히 노력하는 임시정부의 주석으로 활약하게 된다. 반상제도의 부당함에 대한 가문의 논의와 아버지의 적극적인 불만 표출의 행동은 이후 김구의 삶의 방향과 양태를 결정하는 중요한 정서로 자리 잡는다. 불평등한 차별에서 벗어나 인간답게 살고자 하는 강한 열망이 잠재능력의 싹을 틔운 것이다.

유년기에 가족의 구성원과 친지들이 가장 중요한 인적 환경이 된다. 그리고 이들이 아동에게 주는 메시지에 단일하고 강한 감정이 포함되어 있을수록 김구의 경우처럼 매우 큰 영향을 미친다. 상민 출신으로 자신의 불만과 가치를 적극적으로 표출할 줄 알았던 아버지, 이를 포함한 가족과 문중은 김구에게 의미 있는 인적 환경이었다.

3) 동지가 된 어머니 곽낙원

혼란한 시기를 살아가는 아들을 노심초사 곁에서 바라보았던 김구의 어머니 곽낙원의 정서적 후원은 김구로 하여금 자기계발을 포기하지 않게 만든 중요한 요인이다. 김구에게 아버지와 가문이 행동 모델이자 가치에 대한 감수성을 길러 주었다면, 어머니 곽낙원은 김구의 잠재력 성장과 실현 과정에 격려와 사랑으로 실질적이고 적극적인 도움을 주었다.

김구의 어머니 곽낙원은 14세에 가난한 농민인 김순영에게 시집을 왔다. 17세에 아들 김구를 난산 끝에 낳았으며, 젖이 부족하여 동냥젖으로 아들을 키웠다. 곽낙원은 어린 아들 김구가 물감놀이를 하며 비싼 물감을 장난으로 다 없애 버리면 혼을 내고, 말썽을 부려 아버지에게 벌을 받으면 감싸 주는 사랑을 주면서 훈육을 병행하는 어머니였다. 때로는 아들의 글공부에 쓰일 먹과 붓을 사 주기 위해 남의 집 심부름과 길쌈을 하였고, 30세에는 남편의 전신불수 병을 고치려고 무전으로 병수발 여행을 나서는 고통도 감수하는 헌신적인 아내이며 어머니였다.

이후 장성한 아들의 치하포 사건, 남편과의 사별, 105인 사건으로 투옥된 아들의 옥바라지, 손녀 사별, 상해로의 망명, 며느리 사별, 환국 등 82세에 중국 중경에서 생을 마칠 때까지 어머니 곽낙원은 김구의 곁에서 고통을 함께 나누었다.

남의 집 살이와 더부살이를 하였고, 때로는 중국인이 버린 야채 더미에서 찬거리를 구해 손자와 아들, 그리고 그들의 동지들을 먹이는 등 많은 고생을 하였다. 시대의 모순에 울분을 토로하는 한 상민의 아내로서, 일본의 식민 지배를 받는 국가의 한 국민으로서, 일제 군경을 피해 다니며 언제 죽을지 모르는 아들을 둔 어머니로서, 조국 독립을 위해 투쟁하는 임시정부 주석의 어머니로서, 어미 없는 두 손자를 키워야 하는 할머니로서 평생 동안 가난과 죽음,

고통, 희망, 용기로 점철된 삶을 산 것이다. 김구가 태어나서부터 곽낙원이 세상을 달리하기까지의 60년이 넘는 세월 동안 어머니 곽낙원은 김구에게 있어 가장 오랜 시간을 버티어 준 존경하고 사랑하는 가족이자 믿음직스러운 동지였다.

김구의 어머니 곽낙원은 김구가 스치다 사건으로 황해도에서 강화도로 호송될 때 '네가 이제 가면 왜놈 손에 죽을 터이니 차라리 맑은 물에 같이 죽어서 귀신이라도 모자가 같이 다니자.'고 할 정도로 아들이 자신의 삶의 전부임을 표현할 줄 아는 어머니였다. 곽낙원은 김구의 옥바라지는 물론 상해에서는 어려운 살림을 도맡아 김구의 성장과 함께 역할을 변화시켜 가며 김구를 후원하였다. 곽낙원은 옥에 갇혀 있는 김구를 면회할 때마다 "나는 네가 경기 감사를 한 것보다 더 기쁘게 생각한다."고 말하며 격려를 아끼지 않았고, 김구는 "우리 어머님은 참말 갸륵하시다! 십칠 년 징역을 받은 아들을 대할 때 어쩌면 저렇게 태연하실 수가 있으랴." 하며 감탄하였다. 그만큼 어머니는 김구에게 정서적 강직함의 모델이며, 동시에 정서적 후원자였다.

이시영은 곽낙원에 대해 "모친은 내가 7~8개월 동안 동거하고 있을 때에 같이 살고 있는 나의 이름을 모르고, 알려고도 하지 않고, 그저 '조국이 하루바삐 해방되게 하여 주소서'라는 기도를 새벽 두 시경에 두 시간씩 날마다 밤 기도를 올렸고, 이 기도 소리를 들을 때 창자가 찢어지는 것 같았다."라고 회고하고 있다(이시영, 1993).

여러 위인들의 삶을 살펴보면 여느 부모와 달리 매우 강인하고 지속적인 후원을 하여 결과적으로 자녀가 큰 성취에 이르도록 돕는 부모들이 있다. 그런데 대부분은 아버지의 모습만 부각되어 있고 어머니의 역할은 과소평가된 경향이 있다. 어머니의 역할과 관련한 많은 연구에서는 유아의 심리적 안정감을 유지하고 인성을 형성하는 어린 시기에 애착 관계를 형성하는 어머니의 결정적인 역할을 강조하고 있다(Freud, 1901; Mahler, M., Pine, F., Bergman, A, 1975 etc).

그러나 자녀의 사회적 역할을 함께 모색하고, 잠재력 성장을 적극적으로 후원해 주는 어머니의 역할에 대해서는 과소평가된 측면이 있다. 김구의 어머니 곽낙원은 자녀의 잠재력 성장과 실현 과정에 적극적으로 도움을 주었으며, 가정을 벗어나 국가와 민족의 입장까지 나아가 고려하는 동지와 같은 모습이었다. 이러한 모습은 사회와 국가적으로 중요한 일을 수행하며 위험에 처했을 때 자녀의 가치와 소망을 철저히 내면화하여 그 자신이 자녀의 최전선 동지가 되어 격려하고 훈육하는 동지와 같은 어머니와 같은 모습이다.

힘든 시기를 보내고 있는 아들에게 굳건한 용기와 의지를 가진 지원자 역할을 다한 김구의 어머니 곽낙원을 통해 어머니의 역할을 다시 한번 생각하게 한다. 일반적으로 어머니와 자식의 상호작용은 자식의 기질이나 형제의 순위, 어머니의 성격이나 감수성 등과 관련이 있다(박아청, 1992b). 그러나 자식의 성장과 더불어 그 상호작용 양태가 달라지는 것을 많은 사례를 통해 볼 수 있다. 김구의 어머니 곽낙원은 김구가 해주 서촌의 상민의 자식에서 동학 장수, 시국사범, 계몽운동가, 그리고 임시정부의 주석으로 변화하는 모습을 지켜보며 함께 변신해 갔다. 김구의 아버지가 과거시험을 보게 하고 문서, 소장, 축문, 혼서지, 편지 쓰기 등 실용학문 배우기를 권하는 등 김구의 고유한 지적 특성과 맞지 않는 방향을 제시하여 때로는 심한 좌절감과 슬픔을 맛보게 했던 반면에, 어머니 곽낙원은 아들의 역할 변화와 더불어 변화하면서 김구의 정서 안정과 집중력을 높여 주는 정서적 후원자 역할을 하였다.

이와 같은 모습은 간디와 루터 같은 인간친화 상징 개혁가로 알려진 사람들의 어머니들과 비교해 볼 때 차이점이 있다. 간디가 개혁가와 정치가로 활동할 당시 그의 어머니에 대한 특별한 기록은 찾아보기 어렵다. 또한 루터의 경우에도 어머니에 대해 회상한 기록을 거의 찾아보기 어렵다(Erikson, 1982; 최연석 역, 1982). 이를 볼 때 모든 위인의 어머니가 김구의 어머니 곽낙원과 같은 역할을 하는 것은 아닌 것이 확실하다. 곽낙원은 김구에게 어머니 이상의 역할을 한 것으로 보이며, 김구가 특별한 교육경험을 할 수 없었던 가난한 환경에서도 끊임없이 노력할 수 있도록 격려하였다.

김구에게 아버지와 가문이 행동 모델이자 가치에 대한 감수성을 길러 주었다면, 어머니 곽낙원은 김구의 잠재력 성장과 실현 과정에 격려와 사랑으로 실질적이고 적극적인 도움을 주었다.

4) 가족이자 동지였던 아내

김구는 나이 4~5세부터 이미 혼삿말이 있었다. 함지박 장수가 자신의 딸과 김구를 결혼시키고자 하였으나 김구가 한사코 마다하여 혼인이 이루어지지 않았던 것이다. 자꾸만 무엇을 해 달라고 조르는 함지박 장수의 딸은 김구의 마음에 차지 않았다. 이후 이들의 악연은 결과적으로 김구의 스승 고능선의 손녀와 김구의 혼례를 방해하였다. 존경하는 고능선 선생의 손자사위가 되는 것은 좋은 일이나 김구의 아버지의 혼인 선약 때문에 문제가 커지자 혼인을 포기하고 한동안 배우자를 찾지 못한 것이다. 김구는 부친상을 마치고 난 27세에 이르러서야 친척의 도움으로 맞선을 본 여옥과 결혼을 약속할 수 있었다. 김구는 여옥을 아내로 맞이하는 조건으로 함께 공부를 하자고 했다. 그리고 여옥이 이에 응하자 직접 교재를 만들어 가르치기에 힘썼다. 그러나 여옥은 병으로 죽고, 이후 김구는 한동안 교육운동에만 전념하였다.

여옥과 사별 이후 김구는 안창호의 동생 안신호와 혼담이 있었다. 그러나 안신호는 어릴 적부터 함께 자란 동네 친구를 택했고, 이러한 안신호의 단호함과 뚜렷한 자기 주관에 김구는 감탄하였다.

1906년 김구는 18세의 최준례와 결혼을 한다. 당시 최준례는 모친의 강요에 의한 결혼을 거부하여 소속 교회에서 물의를 빚고 있었다. 이를 본 김구는 최준례의 자유결혼 의지를 높게 샀고, 양성칙의 주선으로 최준례와 혼례를 하였다.

결혼 후 김구는 최준례를 경신여학교에 입학시켰다. 김구는 자신의 아내가 지혜와 용기를 갖춘 여성이길 바랐다. 그 후 최준례는 김구의 아내이자 동지로서 어머니를 봉양하였고, 자식을 낳아 기르며 안신학교의 여선생으로서 투옥된 남편을 대신하여 가정을 꾸려 가며, 독립투사 김구의 아내로서 꿋꿋한 삶을 살아갔다. 김구는 어머니 곽낙원이 아들에게 일자리를 찾아 가족을 부양토록 권했으나 "죽어도 임시정부의 대문에서 한 걸음이라도 떠날 수 없다."고 하여 아내 최준례가 재봉업에 종사하며 가족을 부양했다(孫

科志, 2007, p.125). 그런데 최준례는 세 딸을 먼저 보낸 뒤 결국 둘째 아들 김신을 낳고는 낙상하여 얼마 지나지 않아 1924년 36세를 일기로 상해의 폐병원에서 임종하였다. 이때 김구 나이 49세로, 김구는 그 아내의 임종을 지키지 못하였다.

배우자를 선택함에 있어 김구는 상대방의 자유 의지와 결단력, 노력을 중시하였다. 시대의 불안정 속에서 김구는 혼담이 오간 사람들과 인연이 이어지지 못하기도 하고 아내가 일찍 세상을 뜨기도 하였지만, 김구에게 배우자는 또 하나의 동지였다. 또한 김구에게 신분의 차별은 물론 남녀의 차별을 없애는 것도(최기영, 2003, p.36) 중요한 삶의 목표였다. 자신의 실현에 매진하는 사람에게 인간관계를 선택해야 할 때 매우 주도적이고 목적적인 경향이 있다.

김구의 가족이 가정을 벗어나 국가와 민족의 입장에서 사고하도록 격려해 주었던 것처럼 김구는 자신의 아내가 후손을 낳고 기르며 가정을 이루는 일반적인 아내의 역할을 넘어 가치와 인식을 공유하는 벗과 동지로서 역할하기를 바랐다.

2. 벗과 동지

우리는 살아가면서 많은 친구, 동료들을 갖게 된다. 어릴 적 놀이를 같이 하는 친구도 있고, 배움을 같이했던 동문도 있으며, 그저 얼굴을 알고 지내거나 무료함을 달래기 위해 가끔 만나는 정도의 친구도 있다. 그런데 우리가 어떤 뜻을 품고, 나의 모든 힘을 다해 그것을 실현시키고자 노력한다면, 그 길을 함께 가는 '동지'들이 나타나게 마련이다. '동지'란 동일한 일의 영역에서 뜻과 방향을 같이하며 함께 일하는 사람들을 말한다. 따라서 여러 종류의 벗 중에서 동지가 가장 중요한 벗일 것이다.

김구처럼 특별한 의지와 뜻을 품은 사람에게는 사적인 감정의 교류와 소통의 대상을 넘어 지향을 함께 하는 수많은 동지가 있었다. 김형진, 이동엽, 이재명, 최광옥, 김홍량, 안창호, 이시영, 김규식 등의 동지가 모델이 되고 친구가 되었고 교훈을 나누었다.

교육운동가이자 독립운동가였던 안창호와 신민회의 여러 사람들도 김구의 벗이며 동지였다. 생활과 가치를 공유한 후배이자 동지였던 엄항섭과 안공근, 김구에게 가장 영광된 생일을 차려 준 제자 나석주 역시 김구의 훌륭한 벗이자 동지였다.

또한 임시정부와 관련 단체들, 장개석과 중국 정부는 민족대표자 김구의 형성에 기여한 사람이며 단체이다. 김구를 친소도 친미도 아닌 민족주의자로 자리매김하는 데 기여한 여운형과 김규식도 김구와는 다소 다른 방식으로 일을 전개하였지만 그들 역시 김구의 동지였다.

1) 가치에 대한 예민함을 길러 준 문화적 해석자인 동네 양반 아이들

교육학계는 일찍부터 또래 관계의 형성이 어린이에게 큰 영향을 미친다는 연구결과를 제시해 왔다. 인지심리학자인 피아제(Piaget)

는 자신보다 조금 나은 사고를 하는 또래를 통해서 아동이 인지적 불일치감을 경험하고 그로 인해 지적 성장이 이루어진다고 하였으며, 도덕심리학자인 콜버그(Kohlberg) 역시＋1 효과, 즉 자신보다 한 단계 높은 사고를 하는 또래와의 토론을 통해 도덕적 사고가 증진된다고 하였다. 이들 연구 외에도 또래 관계는 가정의 교육 분위기가 바람직하지 못할수록 영향을 미치고, 그렇지 않은 경우는 가정환경에 비해 거의 영향을 미치지 않는다는 연구결과(Bronfenbrenner, 1979; 이영 역, 1992: 250)를 제시하고 있다. 이처럼 또래 관계는 지적·정서적인 주요한 인적 환경으로서 의미 있는 영향을 미친다. 그러나 또래 관계가 얼마나 영향을 미치며 어떻게 영향을 미치는가, 또한 잠재력의 발견과 관련하여 어떤 영향을 미치는가에 대해서는 좀 더 많은 분석이 필요할 것이다.

김구의 경우에는 특별히 또래가 잠재력 계발 과정에서 결정적인 발견자 및 형성자로 역할을 하기보다는 가정환경의 영향을 증폭하거나 확대하는 경향이 있는 듯하다. 우정 관계는 아동에게 놀이 경험을 함께하여 정서적 안정에 기여하는 등의 긍정적인 측면도 있지만, 어른 세계의 고정관념이나 고착된 사회관계를 어린이 수준으로 받아들여 서로에게 과잉 확대하는 역할을 하는 경우도 있다. 김구의 경우 주변의 또래, 특히 양반이나 부유한 집단의 자녀였던 또래는 김구에게 다소는 부러움의 대상이자 자신과 가정의 보잘것 없는 지위를 부각시켜 주는 인적 환경이었다.

김구의 가족을 중심으로 형성된 반상제도에 대한 깊은 문제의식은 또래를 통해 자기의 문제로 다가왔다. 아버지의 모습을 이해할 수 없는 어린 소년에게 또래로부터 받은 상처는 아버지의 모습과 현실에 깊이 공감하게 하는 역할을 하였을 것이다. 그러므로 김구가 생애 처음 접한 또래 친구와 그들과 함께 만난 서당 선생과의 상호작용은 아버지의 가치관을 김구 자신의 것으로 내면화하는 데 크게 기여했다고 볼 수 있다. 양반인 또래 친구에게 무시받은 소년 김구가 아버지의 문제의식을 정당한 것으로 확인할 수 있는 증거를 얻은 것이다.

또래의 양반 아이들에게 받은 수모에 대해 김구가 할 수 있는 일은 오직 자신의 신체적인 강인함과 지략으로 부질없는 응대를 하는 것뿐이었다. 이때 현명한 어른이 관여하여 이와 같은 또래 관계의 상호 영향에 거름종이 역할을 하였다면 김구의 유년기 기억들은 좀 더 긍정적이고 우정적인 관계에 기반을 둔 절친한 친구를 포함하였을 것이다. 그러나 김구의 주변에 있었던, 또래들 사이의 가장 중요한 인물이었던 서당선생 이 생원은 자신의 생계를 위해 김구에게 양반 아이들보다 뒤떨어지는 것처럼 위장하도록 하였다. 이는 부당한 양반제도에 대한 아버지의 불만과 생각들을 깊이 내면화하는 촉매제 역할을 하였다.

이처럼 김구에게 또래 관계는 부모의 가치와 생각, 성향을 더 깊이 내면화하느냐 그렇지 않느냐의 촉매제로서 역할을 하였다. 이는 부모와 자녀의 관계가 돈독할수록 또래 관계는 부모의 가치를 강화하는 쪽으로 영향을 미치며, 부모와 자녀의 관계가 소원할수록 또래 관계는 부모의 가치를 대치하는 일종의 대안으로 비추어지는 경향이 있다는 것을 보여 주고 있다.

2) 동지라고 생각된 이동엽에게 희생된 부하 이용선

　김구는 동학에 들어가 19세의 어린 접주였지만 여러 가지 일을 진행시켰다. 당시 비판을 받던 동학당을 빙자한 범죄를 엄중히 다스려 민심을 안정시키고, 군대를 훈련시켰고, 자문을 받을 만한 인사를 발굴하여 초빙하여 송종호, 우종서, 허곤 등의 도움을 받아 조직을 정비해 갔다. 이때 김구의 용장으로 함께 생사고락을 같이 하며 매진했던 사람이 이용선이었다. 이용선은 함경도 정평(定平) 출신으로 행상을 하던 사람으로 황해도에 와서 거주하고 있었다. 그는 글을 읽지는 못하지만 사냥총을 쏠 줄 알며 김구의 판단에 사람을 다룰 줄 안다고 생각되어 김구가 화포영장(火砲領將: 포대장)에 임명하였던 사람이었다.

　당시 동학군의 주요한 적은 관군과 그들이 끌어들인 일본군이었다. 팔봉지역의 동학접주 김구는 이 적들과 팽팽히 대결하였다. 그런데 인근에 또 다른 이동엽[1]이라는 동학접주가 있었다. 이동엽의 동학군은 큰 세력을 형성하고는 있었지만 인근 양민을 약탈하다가 김구의 부대에게 혼이 나기도 하였다. 심지어 김구의 부하 가운데 약탈을 하다 발각되어 벌을 받게 되면 도주하여 이동엽의 부하가 되기도 하였다. 따라서 김구와 이동엽은 같은 동학도이면서도 미묘한 알력 속에 있게 되었다. 어느 날 이동엽 부대는 관군과 일본군을 공격하는 것이 아니라 같은 동학군인 김구 부대를 치기 위해

---

1) 이동엽(李東燁)은 구월산 주변에서 활동하는 동학장수였는데, 김구가 최시형으로부터 임명장을 받은 것에 비해, 그는 임종현이라는 황해도지역 동학장군에게서 임명장을 받은 2세 접주였다(김구, 1942: 도진순 주해, 2001: 52 - 53).

패엽사로 쳐들어왔다. 당시 김구는 홍역으로 인한 고열과 두통을 치료받던 중이라 경황없이 이동엽 부대에게 패하고 말았다.

이때에 이동엽은 교주 최시형으로부터 직접 임명장을 받은 김구는 두려워 해치지 못하고 김구의 부하인 영장 이용선만 사형에 처하였다. 이때에 김구는 아픈 중에 뛰어나와 "이용선은 나의 명령을 받아서 일한 것뿐이니 만일 이용선이가 죽을죄가 있다면 이는 곧 나의 죄이니 나를 죽이라."라고 하였지만 소용없는 일이었다. 김구는 이동엽 부대가 철수하자 이용선의 머리를 끌어안고 어머님이 처음 지어 보내신 명주 저고리를 벗어 이용선의 머리를 싸매 주고 눈 속에서 맨몸으로 통곡하다가 동네 사람들에게 매장을 부탁하고 동지인 정덕현(鄭德鉉) 집에 가서 이동엽의 복수를 의논하였다. 그러나 정덕현은 복수를 할 필요가 없이 이동엽의 부대는 김구의 부대의 도움이 없어 힘이 매우 약해지고, 밖에는 왜구의 군대가 들어오니 곧 소탕될 것이라는 말을 듣고 잠시 몸을 피하게 되었다. 실제로 나중에 관군이 동학군의 내부 분란과 김구 부대의 손실을 알고 쳐들어오자 이동엽 부대마저 소멸되고 말았다.

이동엽과 같은 경쟁자와 자신이 아끼던 부하가 죽게 되는 과정에서 김구는 '동학당 수양을 받아 신국가·신국민을 꿈꾸었으나, 그것 역시 바람 잡듯 헛된 일(김구, 1942; 도진순 주해, 2001: 61)'이라고 생각하였다. 김구가 아끼던 부하의 죽음과 동지의 배반 그리고 무력감이 20세가 채 되지 않은 김구가 겪은 시련이었다. 또한 이용선과 같은 충성스러운 부하의 죽음과 전투에서의 패배를 통해 젊은 청년 장수 김구는 무력보다는 조직력, 정치력을 통한 항일운동에 관심을 갖게 되었을 가능성이 크다.

3) 의지처인 선배이자 벗인 김형진

김구 생애에 첫 번째 동지라 할 수 있는 김형진은 젊은 김구에게 의지처로서의 선배이자 벗이었다. 김구의 항일운동은 김형진과의 동행으로부터 시작되었다. 이후 김구의 경력은 60년 동안이나 항일독립운동으로 일관된다. 이 과정에는 여러 동지가 존재했다. 허물없는 벗이 된 적은 없지만 관찰의 대상이자 행동 모델이었던 안중근, 나이는 어렸지만 김구의 판단 잘못을 크게 일깨워 준 후배 이재명, 성실함과 명망을 가진 동지이자 친구로서 큰일을 하기도 전에 유명을 달리한 최광옥, 자신이 죽더라도 꼭 살려 보내어 큰일을 도모하게 했던 김홍량 등이 그들이었다. 특히 김홍량은 김구의 학식과 덕망, 구국정신을 높이 평가하여 그를 위해 희생할 각오를 품고 있던 동지로 보였다.

안태훈의 집에서 만난 김형진은 김구와 만날 당시 김구보다 8~9세가량 나이가 많은 참빗장수였다. 그는 안태훈이 당대의 대문장가이자 대영웅이란 소문을 듣고 찾아왔다(표영삼, 1998). 전북 남원의 이동 출신인 김형진(金亨鎭)을 김구는 1895년 나이 20세에 만났다.

김구는 김형진과 함께 고능선 선생의 만주행 권유에 따라 만주의 의병장 김이언을 찾아간다. 그러나 김이언의 의병운동에 실패하자 김형진과 그곳을 떠났고, 김구는 한참 시간이 흐른 후 치하포 사건으로 투옥된다. 이때 탈옥을 한 김구는 피신하면서도 제일 먼저 찾아간 곳이 전라도 남원의 김형진의 집이었다. 김구는 김형진을 가까운 사람으로 생각했다. 그러나 김구는 김형진의 가족으로부터 김형진이 동학에 가입하였다가 동학농민전쟁이 끝난 뒤에 도주하였다는 이야기를 듣고 매우 섭섭하게 생각했다. 청국까지 함께 여행을 하며 크고 작은 위험을 같이 넘긴, 친형제보다 두터운 정을 가지고 있었다.

김구를 처음 만날 당시 김형진은 산동현 동학인으로 활동하고 있었다. 그리고 1895년부터 참빗장수로 가장하여 청계동 안태훈의 집을 찾아갔던 것이며, 이후 김형진은 김구와 함께 청국을 돌아보고 와서 전라도 금구 원평에서 동학 재건에 애를 썼다. 또한 1897년 대접주의 첩지를 받고 항일운동을 계속하였다. 그러나 1898년 1월 체포되어 전주 주재 일본 헌병대에 끌려가 심한 고문을 받은 끝에 장독으로 순국하였다(표영삼, 1998).

김구는 상해에서 활동하는 시절 김형진의 유족에 대한 소식에 많은 관심을 가지고 있었다. 그리고 1945년 광복 후 남도 시찰 길에 전주에 들러 김형진의 아들과 조카, 생질과 기념사진까지 촬영하였다. 훗날 김구는 이때를 회상하며 김형진에 대한 감회를 금할 수 없었다고 기록하였다. 김구에게 김형진은 마음의 의지처이자 벗이었다. 비록 그와 지낸 시간은 길지 않았지만, 항일운동을 시작하는 시기에 동고동락을 함께한 친구였다.

청년시절 우연히 만난 벗이 뜻과 가치를 공유하는 동지가 되고 동고동락한다면, 상대에게 더욱 두터운 애정을 느끼게 될 뿐만 아니라 아직 확신이 서지 않은 자신이 개척해야 할 분야를 계속 탐구하고, 발전시키고자 노력에 확신과 힘을 얻게 된다.

4) 관찰의 대상이자 행동 모델인 안중근

　안중근(安重根, 安應七, 多默)은 황해도 신천 태생으로, 1879년 안태훈 진사의 3남 1녀 중 장남으로 태어났다. 안중근은 1894년 갑오농민혁명 당시 아버지 안태훈을 따라 농민군을 토벌하기도 하였는데, 이때의 토벌 대상은 바로 김구와 같은 동학 접주와 그 교도들이었다.

　안중근의 아버지 안태훈의 집에 의지하고 있던 김구는 안중근을 집안에서 특별한 대접을 받는 남다른 청년으로 기억하고 있다. 그리고 19세의 김구가 고능선과 시국에 대해 토론을 즐겨 할 때 17세였던 안중근은 1895년 부친을 따라 천주교(天主敎)에 입교하여 프랑스인 신부와 함께 선교 활동을 하기도 하였다. 또한 이 해에 안중근은 황제폐위, 군대해산 등 국권이 식민 상태에 이르자 함경북도 경흥(慶興)과 회령(會寧) 등지에서 의병을 일으켜 대일항전을 전개하였다. 이후 남포의 돈의학교와 삼흥학교(1907) 등을 설립하였고, 1909년 10월 노령 블라디보스토크에서 당시 조선통감부 통감이었던 이토 히로부미에게 총을 쏘아 4발을 모두 명중시키고 '대한독립만세'를 외치며 한민족의 일본 반대를 세계에 표명하였다.

　1909년 11월, 안중근은 러시아 헌병대에서 여순(旅順)에 있는 일본 감옥으로 이송되어 심문과 재판을 받는다. 이때 안중근은 일본의 부당한 침략행위를 공박하였다. 그리고 이듬해 사형선고를 받고 3월 26일 순국하였다. 순국 직전 안중근은 아우 정근(定根)과 공근(恭根)에게 "자신이 죽은 뒤에 하얼빈 공원 곁에 뼈를 묻어 두었다가 우리 국권이 회복되거든 고국으로 이장하여 주고, 동포들에게 가서 각각 모두 나라의 책임을 지고 국민 된 의무를 다하여 마음을 같이하고 힘을 합하여 공을 세우고 대한독립을 이루어 달라"고 유언하였다.

안중근 사건은 김구의 신변에도 영향을 미쳤다. 안중근 사건 직후 구류를 당했던 김구는 안중근의 집안 동생인 안명근이 벌인 안악 사건으로 다시 투옥된 것이다. 안중근의 아버지 안태훈과 안태훈의 존경을 받는 유학자이자 김구의 스승인 고능선은 각별한 인연을 가지고 있었다. 그래서 김구와 안중근은 서로 좋은 벗이 될 수 있었지만, 양반과 상민이라는 신분 차이와 명문대가의 장손과 가난한 상민의 아들이라는 차이로 인해 절친한 벗이 되지는 못했다. 특히 동학군과 토벌군, 유학과 천주교로 동일한 시기의 서로 다른 사상적 경험 때문에 서로를 포용하기가 쉽지 않았다.

안중근의 거사는 김구의 마음에 깊은 감동을 주었다. 또한 안중근의 사촌동생 안명근이 안중근의 사형에 분개하여 일으킨 안악 사건 등으로 김구는 오랜 옥고를 치르기도 하였지만 고인이 된 안중근에 대한 김구의 배려는 각별하였다. 임시정부의 어려운 시절에도 김구는 이후 안중근의 부인과 자녀를 안중근의 동생들보다 더 각별히 배려하였고, 광복 후에는 안중근의 시신을 찾아오지 못한 것을 매우 안타까워하였다. 그리고 안중근이 시도했던 일제 거물급 인사에 대한 공격과 행동은 김구의 투쟁방법의 선택과 임시정부 활동 등의 항쟁 활동방식에 영향을 주었다.

살아가면서 주변에 여러 친구가 있지만, 특별히 친한 관계를 맺지는 않아도 그 친구의 행동을 보며 동경을 하고, 존경을 품을 만한 사람이 있다. 그를 통해 우리는 많은 것을 배우게 된다.

5) 판단의 잘못을 깨우쳐 준 후배 이재명

1894년 출생한 이재명은 김구보다 18세나 아래였다. 평안북도 선천(宣川)에서 태어나 평양 일신학교를 졸업한 뒤 1904년 미국 노동이민사의 이민 희망자 모집을 통해 하와이를 거쳐 미국으로 건너간 이재명은 제1·2차 한일협약이 강제로 체결되자 1907년 국권회복운동을 목적으로 귀국하였다. 이재명이 가장 먼저 한 일은 이토 히로부미의 암살 계획이었다. 그러나 안창호(安昌浩)의 만류로 계획을 이루지 못하고 러시아로 갔다가, 1909년 안중근의 이토 히로부미 암살 소식을 듣고 귀국하였다(동서문화사, 2008).

이재명은 1909년 이완용(李完用)을 해치려고 계획하고 있었다. 그런데 그 전에 기울어 가는 국운에 아랑곳없이 안일에 빠진 자기의 아내에 대해 분노하여 총을 가지고 물의를 일으키자 김구는 계원 노백린과 함께 이재명을 만류하고 총을 압수하였다. 그러나 이재명은 며칠 후 지금의 명동성당에서 열린 벨기에 국왕 레오폴드 2세의 추도식에 참석한 친일파 이완용을 칼로 찔러 중상을 입혔다. 이 소식을 들은 김구는 김정익(金貞益), 김용문(金龍文), 전태선(全泰善) 등과 함께 이재명의 총을 빼앗은 것을 크게 후회하였다. 이 사건으로 일본 경찰에 체포된 이재명은 이듬해 사형되었다(동서문화사, 2008).

이재명의 총을 압수한 것이 오히려 매국노를 처단할 기회를 놓치게 하였다는 것을 깨달은 김구는 이 교훈을 통해 이후 젊은 사람들의 의도를 신중히 보고 판단하게 되었다. 한 예로 김구는 훗날 일본어를 주로 쓰는 이봉창이 임시정부를 찾아왔을 때 많은 사람들이 그가 지나치게 일본말을 잘하고 일본인의 습성이 몸에 젖어 있어 믿기 어렵다며 만류하였지만 신중히 판단하여 큰일을 감행할 수 있도록 이봉창을 지원할 수 있었다.

6) 성실함과 명망을 가진 벗 최광옥

최광옥(崔光玉)은 황해도에서 교육운동을 하던 김구가 평양 예수교가 주최한 사범(師範) 강습을 받기 위해 평양의 방기창(邦基昌) 목사 집에 머무르고 있을 때 처음 만난 동지였다. 당시 숭실중학생이었던 최광옥은 교육과 애국에 열심이었을 뿐만 아니라 학계와 종교계, 일반 사회에까지 명성이 높았다. 그는 우리나라 최초로 『교육학』이라는 책을 번역하기도 하였다(최기영, 2003, p.39).

김구가 최광옥과 같은 친구를 만나게 된 것은 서로 존경하고 보살필 수 있는 긍정적 우정 관계이자 동지집단을 형성하는 일이기도 하다. 김구는 명성이 높은 최광옥을 초빙하여 안악읍의 양산학교에서 하기 사범 강습도 열었다. 예수교 주최의 사범 강습인(최기영, 2003, p.33) 이 강습은 남북 평안의 유지, 교육자들과 글방 훈장들에게까지 홍보가 되어 경기도와 충청도에서도 강습생이 밀려들어 400여 명에 달할 정도였다. 안악에서 사범 강습을 마친 김구는 양산학교를 확장하여 중학부와 소학부를 두고 김홍량이 교주 겸 교장이 되어 교무를 관장하였다. 이때 김구는 최광옥 등 교육자들과 협력하여 해서(海西)교육총회를 조직하였다. 김구와 함께 교육운동을 펼쳤던 좋은 파트너였다.

김구와 친밀한 관계를 쌓아 가던 최광옥은 김구가 미혼인 것을 알고는 안창호의 동생 안신호(安信浩)와 혼인할 것을 권고할 정도였다. 결혼 이후 최광옥은 배천읍에서 강연을 하던 도중 피를 토하고 사망하고 말았다.

김구와 같이 사회운동을 하는 사람들에게서 종종 나타나는 현상은 일과 생활, 그리고 친구와 동업자 혹은 동료가 분리되어 있지 않은 경향이 있다는 것이다. 그리고 김구와 같은 사람은 자신의 일에 매우 몰입하여 일 속에서 애정과 신뢰, 우정 등을 쌓아 간다. 이처럼 좋은 친구이자 좋은 동료를 만나는 것은 일의 성과뿐 아니라 끊임없이 자신의 잠재력을 실현시켜 가는 사람들에게는 긍정적 에너지를 제공해 주는 필수적인 요소이다.

김구는 동지들과 뜻을 모아 최광옥의 헌신을 영원히 기념하기 위해 평양 정거장의 이토 히로부미의 기념비보다 훌륭한 비석을 세워 사람들에게 교훈을 주려 하였다. 그러나 합병조약이 체결되어 이 일이 무산되었고, 김구는 이를 매우 안타까워했다.

7) 김구는 진흙에 묻혀서라도 날게 하고 싶었던 친구 김홍량

김홍량은 김구보다 약 9년 뒤인 1885년 황해도 안악에서 출생하였다. 그의 할아버지는 지역 유지인 김효영인데, 김구가 안신학교를 신설할 당시 경비로 벼 100석을 무기명으로 기탁하는가 하면 신문물을 접하는 것의 중요성을 깨달아 일찍부터 장손 김홍량을 경성과 일본에 유학시켰던 개방적인 인물이다.

김홍량은 1905년 11월 을사조약 체결 이후 애국계몽운동에 참여하여 1906년에 김용제(金庸濟) 등과 함께 안악읍에 양산학교(楊山學校)를 설립하여 교육구국운동을 전개하였다. 그리고 이듬해 4월에는 양기탁, 안창호, 전덕기, 이회영, 최광옥, 이동녕 등을 중심으로 한 국권회복을 위한 비밀결사 신민회(新民會)가 창립되자 이에 가입하여 황해도지회에서 가장 유력한 회원으로 활동하였다. 신민회는 관서지방 기독교인들이 주로 참여하였는데, 이때 김구는 대표적인 교육자이자 기독교인의 한 사람으로 활동하고 있었다(최기영, 2003, p.47).

1910년 12월, 안명근(安明根)은 독립운동을 위한 군자금 모금을 주도하였다. 이 사건으로 일제는 황해도의 신민회 회원들과 애국자들을 대거 체포하였는데, 이때 김홍량과 김구도 체포되었다. 이때 김구는 고문을 당하여 전신이 바늘방석에 누운 듯 고통스러운 중에도 이웃 방에 수감돼 있는 김홍량 등이 경찰에 불려가 초주검이 되어 돌아올 때마다 안쓰럽고 노한 마음을 억제치 못하였다.

> "김홍량이 여러 가지로 활동할 능력과 품격이 나보다 나으니, 신문받을 때에 이롭도록 말을 하여 그를 풀어 주게 하리라. 그렇게 생각하여 거북이(구: 龜, 김구)는 진흙 속에 빠지리니, 기러기(홍: 鴻, 김홍량)는 해외로 날으라(김구, 1929; 도진순 주해, 2001: 225)."

김구는 김홍량이 석방되어 해외에서 활동하기를 기도하며 많은 애를 썼다. 그러나 김홍량은 안명근의 부탁으로 이원식에게 권고하여 항일 노력을 전개하였다고 자백하여 김구, 이승길, 배경진, 한순직, 원행섭(元行燮), 박만준(朴晚俊) 등과 함께 징역 15년의 선고와 함께 보안사건으로 2년을 추가로 언도받았다. 자신은 석방되지 않더라도 김홍량만은 방면토록 하려는 김구의 노력이 수포로 돌아간 것이다.

이후 김구와 김홍량 등은 7년 후 출옥하여 지역의 교육 및 독립운동을 함께 전개하였다. 그리고 1919년 3·1운동이 일어나자 김홍량은 자금 문제로 남고 김구만 먼저 상해로 가면서 서로 헤어지게 되었다. 그러나 김구는 상해에서의 형편이 극도로 어려워지자 모시고 있던 어머니를 김홍량에게 부탁하였다(민족정기선양센터, 2007).

김홍량은 학식과 덕망, 구국정신이 뛰어난 벗이었다. 김구가 어머니의 봉양을 부탁할 정도로 믿음직한 친구였던 것이다. 훗날 김구가 중국에서 국내로 어머니와 아내의 유해를 이장할 때에도 정릉에 장소를 직접 잡아 주었던 사람이 김홍량이었다(김신, 2000).

김구는 김홍량의 능력이나 도인권의 태도와 강직함, 최광록의 성실과 열심을 사랑했고, 그들과 함께함을 즐거워했다. 성취하고자 하는 목적은 같지 않았지만 이와 같은 벗과 동지로 인해 김구는 자신의 잠재력을 계발하는 데 도움을 받으며, 동시에 이들과 함께 헌신하는 것에 긍지를 느꼈다. 좋은 벗들이 주변에 함께 있고, 이것으로 그들과 함께한다는 것만으로도 긍지가 느껴진다면 그 자체가 매우 큰 강화요인으로 작용하게 된다.

8) 평행적인 동지 안창호와 전국 규모의 동지집단이었던 신민회

안창호는 1878년 평남 강서에서 태어났다. 김구보다 3세 위인

그는 독립운동에 일찍부터 가담하여 명성을 쌓고 있었다. 특히 일본의 압제가 극심해지자 국내외를 통하여 정치적 비밀결사 신민회가 1907년에 결성되었는데, 이때 안창호는 미국에서 귀국하여 겉으로는 평양에 대성(大成)학교를 설립하여 청년을 교육하고, 이면에서는 양기탁, 이동녕, 이갑, 최광옥, 김홍량 등과 신민회를 훈련·지도하였다.

신민회 활동에는 김구도 참여하였다. 김구는 경성에서 양기탁의 주최로 비밀회의를 연다는 통지를 받고 회의에 참석하여 이동녕, 안태국, 주진수, 이승훈, 김도희(金道熙) 등을 만났다.

1919년 4월, 전국적으로 3·1운동의 열기가 고조되어 있을 당시 안창호는 미국에서 북미실업주식회사를 경영하며, 민족운동을 전개하고 있었다. 안창호는 3·1운동의 소식을 듣고 미국을 떠나 상해로 와서 내무총장 겸 국무총리대리로 취임하였고, 김구는 이 시기에 상해에서 경무국장직을 역임하고 있었다. 중국 상해를 중심으로 임시정부 건립 문제가 부상하자 안창호는 상해에서 국민대표회의 개최를 주도하였다. 그러나 안창호가 소속된 미국의 북미국민회가 미국에 한국의 위임통치를 요청하면서, 안창호의 대표권 불신임이 제안되자 미국으로 돌아가, 국민회와 흥사단 조직의 강화를 위해 역할하였다. 그러나 1926년 다시 상해로 돌아와서 이동녕, 김구와 민족유일당 운동을 전개하였다. 그러다가 1924년 윤봉길 사건으로 일경에게 체포되어 1937년 병보석으로 나왔으나 이듬해에 병사하였다.

안창호는 김구에게 독립운동의 선배이자 동지였다. 교육운동과 독립운동을 먼저 시작하였고, 투쟁방식이나 연설에서도 모범을 보여, 김구는 안창호의 연설을 들을 때마다 매우 감동을 받곤 했다.

그러나 상해시절 이후에는 노선과 독립운동의 형태가 다른 동지였으며, 안창호의 체포가 직접적으로 김구와 관련이 되기 때문에 비판을 하는 사람이 있었다. 이 비판 때문에라도 김구는 윤봉길 사건을 계획한 사람이 자신임을 드러내야 했고, 이후 극도로 일경으로부터 위협을 받는 입장이 되었다. 안창호와 같은 동지들은 뜻은 같지만 각자의 일에 충실하다가 의도하지 않았음에도 불구하고 서로를 위험에 빠뜨리게 되기도 한다. 그러나 이 과정에서 필연적으로 김구의 독립운동 방식, 관점, 태도에 대한 사색과 결단능력은 더욱 정교하게 단련되었다.

9) 김구에게 가장 영광된 생일을 차려 준 제자 나석주

나석주(羅錫疇, 馬仲達)는 황해도 재령에서 1892년에 태어났다. 나석주의 나이 17세 무렵인 1908년 김구는 교육운동을 하기 위해 재령 여물평(餘物坪)으로 오게 되었는데, 이때 나석주는 중국으로 피신하려다 왜경에게 발각되어 옥고를 치른 후 겉으로는 상농(商農)에 종사하면서 속으로는 독립사상을 고취하기 위해 교육에 매진하는 청년 지도자로서 신임을 받고 있었다.

이후 나석주는 23세에 만주로 건너가 4년간 군사훈련을 받고 귀국하여 3·1운동 후 대한민국 임시정부에 군자금을 거두어 보내고, 동지들을 모아 일본 경찰과 면장 등을 응징하고 중국으로 망명하였다(민족정기선양센터, 2007). 그리고 중국 하남성(河南省)의 한단군관학교(邯鄲軍官學校)를 졸업하고 중국군 장교로 있다가 김원봉의 의열단(義烈團)에 들어갔다. 나석주는 거사 직전에 김구를 존경하여 옷을 저당잡히면서까지 생일상을 차려 주었다. 이를 김구는 가장 영광된 생일로 기억하고 있다. 실제로 김구는 백범일지에 "우리 청년들 중에 근본 장엄한 뜻을 품고 상해에 왔던 가까이하여 믿을 만한 지사요 제자에는 나석주, 이승춘(李承春) 등이 있는데"라고 하여 나석주에 대한 각별한 신뢰를 표했다.

1926년 김원봉은 결사대를 파견, 일제의 통치기관을 파괴할 목적으로 의열단의 나석주로 하여금 그해 12월 동양척식주식회사를 폭파하게 하였다. 이때 나석주는 을지로에서 추격하는 경찰들을 향해 사격을 하다가 자살하여 생을 마감했다(민족정기선양센터, 2007).

제자 나석주를 각별히 사랑했던 김구는 그를 가르치기도 하고 명령을 내리기도 했다. 그래서 나석주의 사망 소식은 김구의 마음을 더욱 아프게 했다. 제자 나석주와 같은 열사의 희생만이 민족의 독립으로 다가갈 수 있는 방법이면서, 작은 군대조차 없는 우리 민족이 행할 수 있는 유일한 방법이었기 때문이다.

나석주와 같이 헌신적인 후배의 도움과 모범으로 어려운 일을 감행하고 새로운 역사를 만들어 가는 사람은 기운을 얻게 되고 매진하게 된다.

10) 동고동락한 신분 높은 동지 이시영

김구에게 상해시절은 특별히 수고 많은 시절이었지만, 많은 벗과 동지, 선배와 마음을 나눈 시기이도 했다. 김구보다 7세 위인

성재 이시영은 김구와는 신분차이가 컸다. 이시영은 1869년 서울 저동에서 태어났다. 1886년 18세의 나이로 과거에 합격하여 생원이 된 이후 1909년까지 형조좌랑, 승정원 부승지, 평안남도 관찰사, 한성재판소장, 고등법원 판사 등 여러 관직을 역임했다. 1905년에 을사조약이 체결되자 안창호, 이승훈(李昇薰), 이동녕 등과 신민회를 조직하여 활동하였고, 여기에 김구가 가담하면서 이시영과의 만남이 시작되었다. 신민회가 아니었다면, 신분과 처지상 서로 만나기 쉽지 않았을 것이다.

1910년 경술국치에 이시영은 위로는 건영(健榮), 석영(石榮), 철영(哲榮), 회영(會榮)과 아래로는 소영(韶榮), 호영(護榮) 등 형제와 가족 50여 명을 이끌고 만주로 망명하였다. 이곳에서 신흥무관학교를 설치하고, 경학사(耕學社)를 창설하여 교육에 힘쓰다가, 1919년에 이동녕, 조성환(曹成煥), 조완구(趙琬九) 등 동지들과 3·1독립운동을 전개하였다.

상해로 망명해서는 대한민국 임시정부 수립에 참여하였다. 임시정부에서는 법무총장, 재무총장을 역임하였고, 1926년까지 임시정부의 자금 조달에 전력하였다. 1933년에는 임시정부가 개조(改造)되어 주석을 윤번제(輪番制)로 하게 되자 이시영은 국무위원 겸 법무위원에 임명되어 임시정부를 이끌었으며, 1937년 중·일전쟁이 확대되어 임시정부가 중경(重慶)으로 이전한 뒤에도 계속해서 임시정부를 중심으로 활동하였다. 그리고 1942년에는 다시 임시정부의 재무부장에 임명되어 임정의 어려운 재정문제를 해결해 나갔다(민족정기선양센터, 2007). 이시영의 회고처럼(이시영, 2008) 김구와 이시영은 30여 년을 함께하며 같은 목적을 위해서 같은 일을 하였다. 한 방에서 자고 한 상에서 된장국을 나누어 먹는 벗이자 동지로서 수십 년을 함께 민족주의 계열의 일원으로 활동한 것이다. 임시정부의 요인 대부분이 그랬던 것처럼 이시영과 김구는 깊은 동지 관계였다.

그러나 이시영은 남북협상과 단독정부 수립 문제에 관하여 김구와 의견이 달랐다. 김구와는 달리 이시영은 남한 총선거를 통해 정부를 수립하고, 그 다음에 우리 손으로 국가의 장래문제를 해결해 나가는 것이 좋겠다고 생각하여 국민들에게 총선거에 참여할 것을 권유했다(인촌기념회, 1976, p.549). 이렇게 다른 의견을 가지고 있어도 긴 세월을 임시정부에서 동고동락했으며, 민족과 나라를 위하는 한결같은 마음에는 김구와 이시영이 서로가 동지라는 것을 부인할 수 없다.

광복 후 이시영은 1948년 대한민국 초대 부통령으로 당선되었다. 그러나 1951년 피난지 부산에서 부통령직 사임서를 제출하고 동시에 '대국민성명서'를 발표하였다(한국독립운동사정보시스템, 2007). 1952년 민주국민당 후보로 제2대 대통령선거에 입후보했으나 낙선했고, 1953년 4월 피난지인 부산에서 노환으로 운명하였다.

11) 생활과 가치를 공유한 후배 엄항섭과 안공근

엄항섭(嚴恒燮)과 안공근(安恭根)은 김구의 임시정부 시절 최측근이자 동지, 후배였다. 엄항섭은 경기 여주 사람으로, 1919년 중국 상해로 망명하여 대한민국 임시정부에 참여한 이래 임시정부의

여주군 담당인 국내조사원과 법무부 참사(參事) 등으로 활동하였
다. 그리고 1922년 절강성 항주에 있는 지강대학(之江大學)을 졸
업한 후 임시 의정원의원과 임시정부 비서국원 등으로 활동하였다
(민족정기선양센터, 2007).

1924년, 엄항섭은 상해청년동맹회를 조직하여 집행위원에 선정
되어 경제후원회를 만들어 임시정부를 적극 지원하였다. 1931년에
는 한국교민단 의경대장으로 활동하면서 조선혁명당을 조직하여
재무를 맡았고, 애국단 조직에 참여하여 김구의 주도하에 추진된
윤봉길 의거를 적극 지원하였다. 또한 1936년부터는 임시 의정원
의원으로 활동하였다. 엄항섭은 1935년 한국국민당에도 참여하였
다. 그리고 임시정부의 선전부장 및 주석판공비서에 임명되어 광복
될 때까지 김구와 함께 독립운동에 헌신하였다.

엄항섭은 광복 후에도 김구의 측근으로 계속 김구를 보필하며
활동하였다. 자신이 바라보는 가치를 실현하기 위해 온 힘을 다
쏟는 위인들은 안타깝게도 기본적인 생활을 할 만큼의 에너지와
여력을 남겨 놓지 못하는 경우가 많다. 특히 시절이 안정되지 못
한 경우에 생활고를 피하지 못하는 많은 위인들을 볼 수 있는데,
이들에게 엄항섭과 같은 사람들은 매우 필요한 존재이며, 위인들로
하여금 그들의 일에 매진하게 하는 따뜻하고 의미 있는 사람이 된
다. 엄항섭은 자신의 생활보다는 이동녕과 김구처럼 의식을 해결할
수 없는 운동가를 구제하기 위해 불란서 공무국에 취직을 하여 월
급을 받아 음식을 공급해 주고, 김구 등의 임정 인사들에 대한 일
본 경찰의 체포를 탐지하여 피하게 하였으며, 동포 중에 범죄자가
있을 때는 편리를 도모키 위한 일을 수행하였다고 김구는 기록하

고 있다. 훗날 김구는 초산에 딸 하나를 해산하고 불행히 사망하여 중국 묘지에 매장된 엄항섭의 부인에 대해 기념 묘비를 세워 주리라 하였는데, 뜻대로 되지 않은 것을 몹시 안타까워했다. 이처럼 김구는 자신을 보필하였던 엄항섭과 그 부인의 노고를 늘 기억하고 있었다.

이와 같은 역할을 한 또 한 사람은 안공근이다. 1889년 신천에서 태어난 안공근은 안중근의 둘째 동생이다. 안공근이 7세 되던 해인 1895년 김구는 안중근과 안정근, 안공근의 아버지 안태훈의 호의로 안공근의 집에 의지하게 된다. 이때에 김구는 안공근을 처음 만나게 되었다. 이후 안공근은 1909년 평남 진남포보통학교(鎭南浦普通學校)에 재직하다가 그해 10월 그의 친형 안중근이 이토 히로부미를 사살했다는 소식을 듣고 사직한 후 안정근(安定根)과 함께 여순(旅順)으로 간다. 그리고 1919년부터 중국 상해의 대한민국 임시정부에서 김구의 측근으로 활동하며 많은 일을 수행하였다.

안공근은 1920년에는 상해 대한인거류민단의사회(大韓人居留民團議事會) 의원, 임시정부 의정원 황해도 의원, 1926년 2월에는 여운형(呂運亨)의 뒤를 이어 중국 상해한인교민단장으로 임명되어 활동하였다. 1935년까지 한국독립당, 1937년까지 한국국민당의 주요 간부로 활동하면서 그는 주로 친일인사의 암살과 처단, 독립군 양성에 주력하였다.

김구에게 이들과 같은 후배들은 뜻을 가치 있게 실현시키는 데 매우 소중한 사람들이었다. 이봉창이 일본으로 떠나기 전 마지막 식사를 김구와 함께 한 곳이 안공근의 집이었다. 윤봉길 거사 이후 안공근은 김구가 선언문을 준비하자 김구의 안전을 극히 염려하여 "형님이 불란서 조계지에 계시면서 이같이 발표하는 것은 극히 위험합니다."라고 하며 김구의 신변을 누구보다 걱정하였다. 김구가 진과부(陳果夫)의 소개로 장개석(蔣介石)과 면담할 때도 안공근과 엄항섭을 대동하였다(민족정기선양센터, 2007). 안공근과 엄항섭은 김구의 최측근으로 함께하였다.

김구가 모친과 이별한 지 9년 만에 어머니 곽낙원을 만난 곳 역시 엄항섭의 집이다. 당시 곽낙원은 유년기를 벗어난 두 손자를 데리고 가장 먼저 상해 안공근의 집에서 하룻밤을 보내고는 가흥 엄항섭의 집에 머물렀다.

김구는 엄항섭과 안공근 등의 조력으로 미국에 편지를 보내 자금을 요청할 수 있었다. 그리고 엄항섭으로 하여금 홍구공원 윤봉길 의거 이후의 선언문을 기초하게 하였다. 임시정부의 임무를 수행할 때는 먼저 안공근과 엄항섭을 은밀하게 불러, "지금부터는 군등의 집안 생활은 내가 책임질 터이니 우리 사업에만 전념하라."고 당부하기도 하고, 이들과 함께 피신을 하기도 하였다. 또한 임시정부의 존립 위기에 따라 개최된 선상비상회의에서는 안공근, 안경근, 엄항섭이 김구를 보좌하였다. 이들은 선배가 지향하는 가치와 작업의 필요성과 중요성을 공유한 사람들로서, 어떤 일에 힘을 쏟을 때 필연적으로 만나야 하는 조력자였다.

12) 김구의 개인사와 민족사를 통합시킨 단체 임시정부

김구 생애의 주요한 인적 환경이었고 임시정부와 한국독립당 등

의 관련 단체와 그에 속한 사람들은 김구에게 가족이자 학교, 사
회였다.

이 말은 김구가 임시정부 동지를 보는 생각을 드러낸 말이다.
임시정부의 여러 인사는 김구의 동지이자 스승이며, 교수집단이고
청중의 역할을 하였다. 또한 이 안에 김구가 속해 있었다. 이들과
함께 김구는 자신의 꿈과 이상을 실현시키고자 하였다. 그들의 꿈
과 이상은 가족 혹은 민족의 지속과 평화, 그리고 문화의 번영이
었다.

김구가 속한 집단은 임시정부 외에도 여러 단체가 있었는데, 그
중에서 한국독립당과 한인애국단 관련 인사들과의 극적인 관계들
이 눈길을 끈다. 한국독립당은 1940년 5월 8일 우익 민족 3당인
한국독립당·한국국민당·조선혁명당이 통합되면서 만들어졌다. 통
합된 한국독립당 간부에는 집행위원장 김구, 집행위원은 홍진, 조
소앙, 조시원(趙時元), 이청천, 김학규(金學奎), 유동열(柳東說) 등
이었으며, 감찰위원은 이시영 등이었다.

한국국민당·한국독립당·조선혁명당의 3당이 통합된 1940년의

한국독립당은 임시정부 그 자체였다. 당 간부가 임시정부의 국무위원과 임시 의정원을 구성했을 뿐만 아니라 당의 정책이 곧 임시정부의 정책이었다. 이는 중국국민당과 마찬가지로 이당치국(以黨治國)의 형태를 취한 것이었다(한국브리태니커, 2008).

김구는 한국독립당 이전에 1935년 11월 항주에서 결성된 한국국민당 소속이었다. 한국국민당은 이동녕, 이시영, 엄항섭, 안공근, 조완구 등 임시정부의 주류가 가담한 단체였다. 조선혁명당에는 이청천, 유동열, 최동오, 김학규, 황학수(黃學秀: 호는 夢千), 이복원, 안일청, 현익철 등이 속해 있었고, 한국독립당에는 조소앙, 홍진(洪震), 조시원 등이 속해 있었다.

통합된 한국독립당은 뒤에 이 3당의 과거를 역사적으로 계승하고, 1930년대 이후 우익 독립운동계에서 수용되었던 삼균주의를 근간으로 하였다. 지향은 일제로부터 벗어나서 국토와 주권을 찾으며, 정치·경제·교육의 평등한 기초 위에 신민주국가를 건설하고, 안으로 평등한 생활을 보장하고 밖으로는 세계 가족화를 지향하였다. 그리고 당강은 완전한 광복을 통해 대한민국의 건설, 보통선거제의 실시를 통한 정치적 균등, 의무교육을 통한 교육적 균등, 광복군 편성과 의무병역 실시 등이었다(한국브리태니커, 2008). 한국독립당의 당강 및 당의에는 김구와 주변 인사들이 생각했던 광복된 나라에 대한 염원이 압축되어 있었다. 이들 단체는 김구가 자신이 지향하는 바를 이루기 위해 선택한 단체들이었고, 김구는 자신의 삶을 이 단체들의 염원과 일치시켰다. 또한 이 단체를 통해 자신의 특성과 능력을 가치 있게 활용하였다. 이 단체들은 김구에게 자아실현의 장을 의미한다.

임시정부와 한국독립당 등의 단체를 통해 김구는 나석주, 이봉창, 윤봉길 등 여러 의사(義士)를 만나고, 그들을 통해 정치행동을 현실에서 구현할 수 있었다. 또한 끼니를 얻기 어려운 상해 망명생활 중에는 이러한 독립운동가들과의 교류와 만남을 통해 자신의 지향과 생각을 더 깊고 넓게 할 수 있었다.

13) 민족대표자 김구의 형성에 기여한 장개석과 중국 정부

장개석과 김구의 교류는 서로에게 깊은 영향을 미치지는 않는다. 그러나 이 만남은 민족운동가 김구를 정치가 김구로 위치시키는 데 기여했다.

중국의 지도자 장개석은 1887년 중국의 중상층 상인 집안의 아들로 태어나 1906년 바오딩군관학교, 1909년 일본 육사를 졸업하였다. 중국 국민당의 창시자이자 민족주의 · 민권주의 · 민생주의 삼민주의를 주창한 중국의 혁명가 손문의 신임을 받았으며, 1937년 중일전쟁 발발과 1941년 연합군의 대일 선전포고 당시 중경에 있던 김구를 도와 공산당과 대치하며 대일 항전을 하였다. 중국 정부의 수장과 조선의 독립운동계 지도자인 장개석과 김구의 만남은 비록 짧았지만, 대한민국 임시정부와 김구가 일본에 대항하여 독립운동을 지속적으로 할 수 있도록 도와주었다. 중국의 지도자 장개석의 만남과 중국 정부의 후원으로 김구는 한민족 대표자 중의 한 사람임을 안팎에 알리는 계기가 되었다.

3. 스승

‘스승’은 사회적으로 가르치고 배우도록 맺어진 관계로서, 학교와 학원 혹은 서당이라는 제도적 교육장치에 속하거나 혹은 교육이 이루어지는 장소에 존재한다. 김구의 스승은 생계 수단으로 글을 가르쳤던 서당 선생 이 생원부터 김구의 재능을 사랑하여 자발적으로 가르침을 베푼 스승 고능선, 그리고 독립운동과 정치계의 큰 별 이동녕까지 여러 분들이 있었다. 김구의 스승은 서당이나 글방에도 있었지만 독립운동계에 투신하면서 그곳에도 있었다.

1) 동학을 전수해 준 스승 오응선

김구의 여러 스승 중에 동학의 정신과 관점을 보여 준 스승 오응선은 사회의 약자로서 새로운 가치를 갈망했던 김구와 김구의 아버지가 선택한 스승이었으며, 그는 김구로 하여금 동학을 직접 체험하고 사색하는 경험을 하게 하였다.

김구 나이 18세에 처음으로 만나게 된 스승 오응선은 김구가 동학(東學)에 입도하는 데에 직접적인 계기를 만들어 준 동학 신도이다. 김구가 살던 마을에서 20리 떨어진 곳에 살았던 그는 충청도에서 동학 제2세 교주인 해월 최시형에게서 가르침을 받았다. 천도교의 발상지인 경주 구미산 인근의 용담정을 재건한 신실한 동학 교도였다(천도교 서울교구, 2008). 동학은 격문과 창의문, 행동강령 등을 통해 제폭구민(除暴救民)과 척양척왜(斥洋斥倭)를 표방하고 있었다. 이는 김구에게 매력적인 주장이었다. 오응선은 동학에서 지향하는 바, 즉 모든 사람은 평등하다는 교리와 신념을 김구에게 전달했다.

조선왕조 말기 조정은 동학을 이단(異端)으로 몰아 극심한 탄압을 가하였다. 그러자 동학은 신앙의 자유, 정치개혁, 외세배격 등을 주장하며 집단 시위운동을 전개하였다. 특히 고부에서는 군수 조병갑의 수탈과 학정이 극심하여 동학 접주 전봉준이 앞장서서 고부 관아를 습격하였다. 이를 평정하기 위해 관원 이용태는 동학과 관련 없는 양민들까지 동학당으로 몰고는 약탈을 일삼았다. 이는 동학군의 봉기로 이어졌고, 이후 대대적인 동학군의 반격이 시작되었다. 당시 동학군은 12개조의 폐정개혁안을 공표하였는데 여기에는 횡포한 관리 및 양반, 유림에 대한 처벌, 부당한 세금 폐지, 노비문서 소멸, 과부 재가 허락, 왜적에 대한 경계 등을 포함하고 있었다. 그러나 이 시기에 팽창 중이던 일본은 청일전쟁을 일으켰고, 이로 인해 동학군은 약 30만 명의 인명피해를 내고 격파되었다(천도교 서울교구, 2008). 이에 따라 당시 동학군의 소년 접주였던 김구는 좌절과 실패의 아픔 속에서 피신하는 신세가 되고 말았다.

스승을 통해 제자는 지식과 지혜를 전수받는다. 김구에게도 스승 오응선은 새로운 안목과 관점을 포함한 지식과 지혜를 전수해 주었다. 더하여, 스승을 통해 스승과 동일한 관점에서 경험하게 되는 일련의 사건과 맥락들은 제자들이 사회의 주역이 되었을 때 사회를 이끌어 갈 힘과 사회 속에 실현하고자 하는 가치를 모색하는 데에 귀중한 자원이 되어 준다.

사회의 약자로서 새로운 가치를 갈망했던 김구와 김구의 아버지가 선택한 스승이자 사상이었던 동학의 경험은 당시 사회의 큰 흐름 중의 하나를 직접 체험하고 사색하는 기회를 주었다. 그리고 이는 사회운동가로서의 김구에게 의미 있는 첫 경력이 되었다. 자아실현의 뜨거운 열망을 가진 청소년들은 부모의 후원으로 비로소 기회를 갖게 된다. 그리고 그 기회가 양질이 되는가 그렇지 않은가는 누구를 만나느냐, 얼마나 신실하고 진실한 스승을 만나느냐에 따라 달라진다. 설령 스승이 제자가 지향하는 길과는 다소 다르다 할지라도 스승 자신이 신봉하는 이념과 철학에 신실할수록 더 명료한 가치를 제자에게 전달할 수 있다. 동학의 정신은 김구의 신념과 지향을 만드는 데 깊이 영향을 주었다.

2) 정신적 지지자로서 유학의 정신을 가르친 스승 고능선

스승의 중요한 역할 또 한 가지는 자신의 가능성에 대해 회의를 품고 있을 때 이 회의를 확신으로 바꾸어 주고, 개인이 생각하고 있는 현재의 틀을 벗어나게 하여 더 넓고 다양한 시각으로 자신을 이해할 수 있도록 하는 것이다. 이와 같은 역할을 한 스승이 바로 고능선이다. 김구의 생애에 가장 의미 있는 정서·인지적 지지자였던 고능선 선생을 김구가 나이 19세에 만났다.

고능선은 일찍이 헌동(憲洞)의 김명선(金明善)의 서당에 입학하여 학문을 닦았는데, 그의 학문적 자질과 성실함은 스승에게서 많은 사랑을 받았다. 그리고 고능선의 아버지는 아들이 큰 학자가 되기를 소망하는 마음에서 서당이 있는 동네 어귀에서 날마다 기

도를 하였고, 이 애절한 아버지의 기도를 들은 고능선은 이항로(李
恒老)의 제자인 중암(重菴) 김평묵(金平默)과 성재(省齋) 유중교(柳
重敎)의 문하에서 열심히 수학하여 유학과 병법에 능한 황해도의
고명한 학자가 되었다(권오영, 2007).

고능선은 김구에게 유학의 본질적인 정신에까지 미치는 가르침
을 주었다. 진정한 선비정신이나 유학의 정신을 알지 못했던 김구
에게 유학의 참의미를 새롭게 하고 의리와 지도력에 대해 깨닫는
기회를 준 것이다. 이를 통해 김구는 진정한 선비로서 깊이 생각
하여 '판단'하고, 그 판단을 용기 있게 '실행'하였으며, 그 실행이
'계속'되어야 뜻을 이룰 수 있다는 행동강령을 마음으로 전수받았
다. 벼랑 끝에 매달려도 손을 놓을 수 있는 용기와 결단력 또한
고능선의 가르침에서 얻을 수 있었다.

김구는 고능선의 가르침에 대해 "선생께서 나의 정신과 재질을
보아 뚫어진 곳을 기워 주고 빈구석을 채워 주는, 입으로 전하고
마음으로 받는 첩경의 교육방법으로 각별히 아껴 가르치시니, 그날
부터는 밥을 안 먹어도 배고픈 줄을 모르겠고 고 선생께서 죽으라
면 죽을 생각도 난다."고 기록하고 있다. 병법과 처세, 의리 그리
고 지도자로서의 자질을 길러 주기 위한 스승 고능선의 특별한 노
력을 김구는 평생 동안 기억하며 감사하였다. 이는 배움에의 갈증
을 풀어 주는 소중한 만남이었다(류숙희, 2008). 고능선의 지지와
후원으로 김구는 긍정적으로 자기를 인식하였고, 이웃과 나라를 위
해 중요한 일을 할 수 있다는 확신을 갖게 되었다.

1922년 고능선은 81세를 일기로 작고하였다. 당시 47세의 김구
는 임시정부에서 독립운동에 여념이 없었는데, 스승의 별세 소식을

듣고는 몹시 슬퍼하였다.

김구의 스승 고능선은 김구가 지닌 잠재력을 스스로 발견하도록 도와 주었고, 그 능력을 계발하도록 하였다. 고능선과의 만남으로 김구는 자신감과 자존심을 회복할 수 있었고, 사회와의 연결고리를 찾아 바람직한 행동방침을 정할 수 있었다. 민족과 나라를 위한 지도자 김구는 이렇게 성심을 다한 스승의 가르침으로 성장하였다.

고능선은 김구에게 지적인 면과 학업, 삶에의 도전적 욕구를 동시에 자극하고 후원하는 사회적 보살핌을 제공하는 두 측면에서 그 누구보다도 큰 영향을 미쳤다. 고능선의 지지와 후원으로 김구는 긍정적으로 자기를 인식하였고, 이웃과 나라를 위해 중요한 일을 할 수 있다는 확신을 가질 수 있었다.

3) 김구의 지도자, 스승이자 선배, 충고자이자 동지였던 거인 이동녕

이동녕(李東寧, 鳳所, 石吾)은 1869년생으로, 김구보다 7세 위이다. 충남 천원(天原) 사람인 이동녕은 17세 때 일가가 상경하여 서울 종로에서 살면서 비교적 일찍 개화사상과 독립운동 등에 참여하였다. 1892년 응제진사(應製進士) 시험에 합격을 하였고, 1896년 28세 때에는 독립협회에 가담하였다. 그리고 만민공동회(萬民共同會・官民共同會)에서 잘못된 정치를 비판하고 임금께 상소하는 등 국민운동을 이끌었다. 이로 인해 이준(李儁), 이승만(李承晚)과 함께 투옥되어 옥고를 치르기도 했다.

이동녕은 30세 때인 1898년 7개월간의 옥중 생활을 마치고 제
국신문에 사설을 집필하면서 본격적으로 민족의식과 사상정립을 위
한 자기 수련을 시작하였다. 그리고 1902년 34세 때에 이상재(李
商在), 전덕기(全德基) 목사 등 종교인들과 손잡고 YMCA운동을
전개하였다. 36세 때인 1904년에는 한일강제조약이 체결되자 서울
상동(尙洞)교회에서 신채호, 조성환 등과 함께 독립운동 단체인 청
년회(靑年會)를 조직하여 국권회복운동을 전개하였으며, 이때 김구,
이회영(李會榮) 등이 단체에 합류하여 김구를 처음 만나게 되었다.
이후 이동녕은 각별한 신뢰 속에서 스승처럼, 선배처럼, 가족처럼
수십 년을 김구와 함께 임시정부에서 활동하였다.

이동녕은 1905년 을사조약(乙巳條約)이 체결되자 조약의 무효와
파기를 선언하고 일경에게 체포되어 2개월간 투옥 생활을 한다.
그 뒤 석방되어 만주로 망명, 서전의숙(瑞甸義塾)을 설립하여 민족
교육에 힘을 기울었다. 이때 그는 잠시 귀국하여 안창호, 이동휘
등과 신민회를 조직하였고, 김구가 이동녕을 국내에서 마지막으로
만난 것이 이즈음 양기탁의 집이었다. 이 자리에서 신민회는 만주
에 독립군기지를 세울 계획을 논의하였는데, 이를 위해 먼저 이동
녕을 만주로 파견하고 김구는 황해도의 자금책으로 선정되었다(김
희곤, 2003, p.53).

이동녕은 서간도에 신흥무관학교(新興武官學校)를 설립하여 군
사교육을 통한 독립군 양성을 도모하였다. 이후 그는 러시아에서
대종교(大倧敎)에 입교하여 활동하는 등 광복운동을 전개하였다.
이처럼 이동녕이 활발한 독립운동을 전개할 당시 김구는 신민회
사건 등으로 투옥되어 서대문 감옥과 인천 감옥을 전전하다가 출

옥하여 황해도에서 교육운동에 헌신하고 있었다. 1918년에는 조소앙(趙素昂), 조완구(趙琬九), 김좌진(金佐鎭), 여준 등과 함께 독립선언서를 선포하였고, 1919년 상해에서 임시정부를 조직하여 임시의정원의 초대 의장이 되었다.

그리고 김구는 1919년 상해에 망명하여 이동녕을 찾아갔다. 이동녕을 만날 당시를 김구는 "주야로 그리던 이동녕 선생을 찾아갔고, 거기에서 지난 10여 년 동안 무수한 고생을 해서인지 풍성하던 얼굴에는 주름살이 많아 서로 악수하고 나니 감개무량하여 무슨 말을 할 것도 생각이 나지를 않는다."고 적고 있다.

1924년, 이동녕은 국무총리로 정식 취임하여 군무총장을 겸임하였다. 또한 이승만의 장기 궐석으로 대통령 직권을 대행하였다. 이때 조선총독은 한국인을 동원하여 그에게 귀화를 권유하였다. 그러나 이동녕이 응하지 않자 부친을 투옥하였다. 이후 이동녕은 1925년 의정원 의장(11대), 1926년 국무령이 되었다. 이때 58세였던 그는 법무총장도 겸임하여 2차 개헌에 따른 국무령 지도체제를 발전시켜 나갔다(민족정기선양센터, 2007).

1927년 이동녕은 김구의 국무령 피선을 추천하였다. 김구는 의정원 의장 이동녕에게 "자신은 일개 김존위의 아들로서 정부 기구가 아무리 작다고 해도 일국의 원수가 됨이 국가 위신을 추락하게 하니 할 수 없다."고 거절하였으나 혁명기에는 무관하다고 강권하여 결국 김구는 이를 수락했다.

또한 이동녕은 1930년 김구 등과 함께 한국독립당을 조직하고 당 기관지 한보(韓報)·한성(韓聲)을 발행하는 한편, 1930년에는 두 번째로 다시 임시정부의 주석(1930~1932)에 오른다. 이 시기

이동녕은 일인인지 한인인지 판단키 어려운 이봉창과 내왕하는 김구를 꾸짖은 일이 있다. 이는 김구의 스승이자 선배로서 그 역할을 수행한 것이다. 그러면서도 이동녕은 김구와 이유필 등에게 전권을 주어 1932년 이봉창·윤봉길 의거를 이루게 하였다. 이 사건으로 인해 이동녕은 가흥(嘉興)으로 김구와 함께 피신하였다가 1935년 남호(南湖)에서 선상의회를 열고 국무위원 3인을 보선하여 세 번째로 임시정부 주석이 되었다. 이후 이동녕은 1939년 네 번째로 임시정부 주석(1939~1940)에 올라 김구와 합심하여 전시 내각을 구성하고 서안(西安)에 대한군사단을 파견하였다.

임시정부 수립에 참여하여 반평생을 해외에서 임시정부를 이끌며 조국광복을 위해 투쟁한 이동녕은 1940년 72세를 일기로 기강에서 과로로 임종하였다. 이동녕 사후 김구는 임시정부의 주석이 되었는데, 이때 김구의 나이 65세였다. 이후 광복을 맞은 김구는 1948년 이동녕의 유해를 효창공원에 안장하였다.

이동녕의 삶은 독립운동의 역사라고 볼 수 있다. 그리고 김구에게는 최상의 선배이며 충고자이고, 스승이자 동지였다. 이동녕과 같은 스승은 동일한 상징 영역에서 직접적이고 세부적인 행동지침과 방법을 공유하고 발전시킨 영역 내의 전문적인 스승이라고 볼 수 있다.

4. 잠재력교사

김구의 잠재력 발견 및 계발 과정에서 가장 큰 부분은 김구와 주변 사람의 상호작용이다. 김구는 교육기관을 다닌 경험이 많지 않고 공식 교육을 받지 않았다. 그래서 많은 것을 배우지 못했을 것이라 추측하기가 쉽다. 그러나 그가 혼자의 힘으로 대부분의 것을 배웠으리라 보기도 어렵다. 김구의 삶 속의 여러 사건은 가드너가 지적했듯 일종의 '인지적 지진'으로 역할을 하였다. 즉 탑쌓기 놀이에서 탑을 무너뜨리는 마지막 하나처럼, 김구의 점진적인 잠재력 성장 과정에서 그 해석체계와 틀을 변형시킨 사건들이 있었다. 그리고 진정한 마음의 변화는 이 사건을 이전에 이미 다른 곳에서 다른 방식으로, 즉 김구가 의식의 변화를 느끼기 시작하기 훨씬 이전에 그 자신도 모르게 '처음 그 생각이나 행동'을 보여 주고 알려 준 사람의 영향이 있었다. 즉 강한 열정과 감정을 보여 준 이전 세대들의 행동에 대한 관찰과 자기 나름의 해석을 통해 잠재력을 발달시킨 것이다. 이들 독특한 인적 환경을 잠재력교사라고 부를 수 있다.

평생교육의 입장에서 참다운 교사란 개인의 시각이 변화할 수 있도록 도와주는 역할을 한다고 할 때(Beck, U, 1986; 박성희, 2003, 3), 김구를 가르친 사람들은 학교에 있는 스승이 아니라 김구를 학생으로 생각하고 어떻게든 그의 성장을 도와주고자 의도한 '잠재력교사'라고 부를 수 있을 것이다.

'잠재력교사'는 한 사람을 배우도록 하거나 배울 경험을 주도록 하는 것, 혹은 역할 모델로서 교훈을 얻게 하는 사람들이다. 이들은 하나의 집단을 이루기도 하지만 개별적으로 특정 개인에게 접근하여 그를 자신의 편으로 끌어들이고 싶어 하고 특정한 교육을 시키고 싶어 한다. 따라서 어떤 한 사람의 생애나 경력이 일관될

수록 이 교육을 하고자 하는 사람들은 브론펜브레너가 '충고집단'이라고 부를 만한 특성을 지닌다. 같은 경험을 동시대에 했다 해도 어떤 '충고집단'을 갖느냐에 따라 경험이 다르게 해석된다(Goodwin, J. S, 2003). 충고집단 혹은 경험을 교육적이게 만드는 인적 자원으로서의 중간체계에 속하는 집단이 이 충고집단인데, 이는 가족, 스승집단의 교육적 기능을 강화 혹은 약화시키는 특성을 가지고 있다. 그리고 어떤 충고집단을 선택하느냐는 자유로운 선택과정에서 그들의 어릴 적 경험과의 상호작용 및 기대되는 사회적 역할이 영향을 받는다(Goodwin, J. S, 2003).

김구의 생애에서는 무엇보다 이 잠재력교사가 두드러진다. 이들은 스승과도 같은 역할을 하지만, 가르치는 일을 주된 업으로 하지 않으면서도 김구를 만나서 가르침을 주고자 하는, 즉 성장시키고자 하는 욕구를 가진 사람들이다. 따라서 그들에게는 일반적인 학생들을 가르칠 지식 내용이나 직접 가르칠 교육 내용은 없지만 특정 개인을 만나면 그에 알맞은 조언이나 환경을 준비해 줄 수 있다.

김구가 20세도 안 된 나이에 동학의 접주가 되어 고군분투할 때 스스로 자문이 되어 주겠노라 한 우종서는 김구에게 예수교와 교육운동을 소개하였고, 동지이자 벗으로서 함께 일을 도모했다. 양반 안태훈 진사는 김구를 직접 가르치지 않았지만 김구의 재능을 아껴 성장시킨 사람이다. 김구는 안태훈을 통해 양반에 대한 균형된 식견과 사람에 대한 안목을 배웠다. 안태훈이 쫓기는 신세인 청년 적장을 받아들이고, 그와 함께 이야기를 나누고, 지인을 만날 기회를 준 것은 의미 있는 교육활동이다. 안태훈의 도움으로 김구는 시대적인 문제에 눈을 돌릴 수 있었다.

또 하나의 잠재력교사는 김구를 교육할 의도를 가지고 본격적으로 교육과정을 구성하고자 했던, 가장 적극적인 사람들인 유완무와 성태영 등이다. 이들의 적극적인 교육 의지와 태도는 오늘날의 학교가 아닌 곳에서 일어나는 사회속의 교육활동에 시사하는 바가 크다.

1) 예수교와 교육운동의 소개자이자 뜻을 함께한 친구 우종서

김구가 자라나면서 보다 더 큰 뜻을 품게 되자 그를 가르치고 돕기 위해 특별한 인물들과의 만남이 생긴다. 그중에 한 사람이 우종서이다.

우종서(禹鍾瑞)는 김구가 19세에 동학 접주로 활동할 때 동학군에 들어와서 스승 혹은 자문의 역할을 했던 사람이다. 당시 김구는 해주성전투에서 실패한 후 군대 훈련에 진력하기로 하고 인근지방에서 군사훈련 기술을 가진 사람을 초빙하여 총술과 행군, 체조를 훈련시킬 계획을 가지고 있었다. 이때 찾아온 사람이 문화(文化) 구월산 아래에 거주하는 우종서(禹鍾瑞)와 정덕현(鄭德鉉)이었다. 그들은 "동학군이란 한 놈도 쓸 것이 없는데 소문인즉 그대가 좀 낫다는 말을 듣고 왔노라." 하면서 김구의 동학군의 합류하였다. 김구는 그들과 함께 곧 동학군을 재정비하였다.

우종서와 정덕현과 같이 당시에는 구국을 위한 남다른 인물, 남다른 집단을 찾고 있는 사람들이 있었다. 그리고 이들의 적극적인 노력들은 각지에 흩어져 있던 뜻있는 사람들을 불러 모았다. 비록 혼란하고 어두운 시기의 구한말이었지만 이와 같이 노력을 하는 사람들이 있는 국가와 민족은 마치 혈액순환이 잘되는 유기체처럼 생명의 기운이 존재한다고 볼 수 있다.

우종서와의 만남은 그리 길지 않았다. 통학전투에서 패한 뒤 피신을 한 김구는 이후 치하포 사건과 투옥 및 탈옥의 시기를 거쳐 고향인 해주로 돌아왔고, 이때 우종서는 1890년대부터 사경회에 참여하여 문화 지역에서 개신교 목사로 활동하고 있었다(최기영, 2003, p.31). 당시 개신교는 황해 지역부터 먼저 뿌리를 내리고 의료선교와 더불어 평등과 평화를 전파하는 새로운 문화운동으로 자리를 잡아 가고 있었다.

우종서는 김구가 피신과 탈옥을 거치는 동안 친일 정부에 반하여 체포령이 내린 박영효의 동지 손경하(孫景夏)를 구월산 등에서 보호하며 구국 활동을 모색하고 있었다. 당시에는 서울 외에도 특히 평안도와 황해도 등에서 신교육 및 신문화 운동이 예수교를 통해 발전하고 있었다. 서양인 선교사와 의사를 통해 예수교가 들어오면서 신교육, 신의료, 과학, 음악, 서양식 생활방식이 조선에 처음으로, 또 다량으로 소개되었던 것이다. 또한 예수교를 중심으로 민족자각운동 및 신교육운동과 구국운동이 함께 전개되었다.

서양 선교사로부터 얻는 국외의 정보는 세계대전에 임박한 불안한 세계정세를 알 수 있는 중요한 통로였다. 이때 김구는 우종서의 예수교 신봉 권유를 받아들여 예수교와 신교육 장려운동에 동참하였다.

김구는 개신교도이며 교육운동가인 우종서를 포함하여 우종서의 지인인 송종호(宋鍾鎬)와 은율의 김태성(金泰聲), 장연 장의택(張義

澤), 오인형(吳寅炯), 정창극(鄭昌極) 등과 함께 신교육운동을 펼칠 것을 협의하였다. 이후 우종서와의 인연은 계속되었고, 김구가 신민회 사건으로 검거되어 15년 형을 언도받고 장기투옥이 결정되자 당시 종산(鍾山)에 살고 있던 우종서는 김구의 어머니와 아내에게 거처를 마련해 주기도 하였다.

스승의 역할이 중요하듯이 우종서처럼 뜻을 함께하고 삶에 도움을 주며 함께 이야기를 나눌 수 있는 선배와 같은 잠재력교사 또한 매우 중요하다. 김구는 우종서를 통해 새로운 선진 생활방식과 행동방식을 배우고 이해할 수 있었다. 우종서를 끌어들일 정도의 덕과 지혜를 가진 김구도 훌륭하지만, 훌륭한 사람에게 스스로 잠재력교사가 되어 주길 청하고, 좋은 친구가 되어 준 우종서와 같은 사람들이 있기에 어렵고도 남다른 일을 개척해 가는 사람들이 자신의 뜻을 펼쳐 가도록 성장할 수 있다.

2) 지도층의 사회적 책임감을 보여 준 양반 안태훈

김구의 주변에는 김구에게 도움을 주고자 하는 인사들이 존재하는데, 그중에 두드러진 사람이 안태훈일 것이다. 글도 잘하고 지략이 뛰어나기로 유명했던 안태훈(安泰勳) 진사는 유명한 유림 안인수의 아들이었다. 안인수는 해주에서 살며 진해현감을 역임한 뒤 가까운 친지에게 자산을 분배하여 주고 자신은 3백여 석 추수(秋收)의 재산만을 가진 채 청계동으로 이주하였다.

동학농민운동 당시 관군과 공조하여 동학을 토벌했던 양반인 안태훈 진사는 김구를 자신의 집에 피신시켜 동학의 젊은 접주 김구를 도왔다. 나라를 바로 세우고자 하는 젊은 사람에 대한 관심과 애정 때문이었다. 시대의 흐름을 우려한 안태훈은 생각과 입장은 서로 달랐지만 김구를 매우 아꼈다. 처음에 김구는 특별히 양반과 교류가 없었기 때문에 안태훈을 의심하기도 했다. 그러나 안태훈의 진의를 알게 된 김구는 나중에는 부모까지 의탁할 정도로 안태훈 진사에게 의지했다.

안태훈은 권력과 허세를 즐기며 교만하고 군림하기 좋아하는 양반들과는 달리 민족과 국가의 미래를 걱정하며 신분과 상관없이 후세대에게 기대와 사랑을 품을 줄 아는 노블레스 오블리주(Noblesse oblige)를 보여 주었다. 이런 모습은 김구에게 상위계층의 사회적 책임을 떠올리게 했다.

김구는 안태훈의 도움으로 신분적 적대감을 극복할 수 있었다. 그리고 더 중요한 시대적 문제에 눈을 돌리게 되었다. 안태훈의 사랑으로 상민 속의 나, 농민 속의 나에서 역사와 조상을 공유하는 우리 민족 속의 나로 발전될 수 있는 계기가 된 것이다. 안태훈으로 인해 김구의 사회적 관계망은 질적으로 양적으로 확장되었다. 또한 안태훈은 김구의 평생의 스승인 고능선을 만나게 한 직접적인 계기가 되었다. 이는 평소 안태훈이 인물을 아끼는 마음이 남달랐기 때문인데, 만약 그런 마음이 없었다면 김구는 물론이고 유학자 고능선도 자신의 집으로 모셔 오지 않았을 것이다. 안태훈이 고능선을 자신의 집 근처로 모셔 온 것은 자식들의 교육과도 관련이 있었다. 안태훈은 의미 있는 인사와 교류하는 것이 자녀교육에 중요하다는 것을 잘 알고 있었다. 그리고 이를 실천했다. 이

는 자녀교육뿐만 아니라 김구와 같은 젊은이의 교육에도 기여하는
바가 컸다. 어느 시대에나 '교섭'은 사회를 건강하게 하는 중요한
교육 작용의 하나이다.

안태훈에게는 하얼빈에서 이등박문을 사살한 안중근과 안정근,
훗날 임시정부에서 김구를 보필하여 독립운동을 전개한 공근(恭根)
이라는 세 아들이 있었다(백범전기편찬위원회, 1982: 37). 그리고
안정근의 딸 안미생은 김구의 첫째 며느리가 되었다. 이러한 인연
으로 안태훈 일가와 김구 일가는 서로 밀접한 관계를 맺으며 많은
영향을 끼쳤다.

3) 교육의 의도를 가진 잠재력교사 집단 유완무와 성태영

어느 시대에나 후세대를 위한 특별한 애정과 관심을 가진 사람
들이 있다. 이들은 어려운 형편에 놓인 재능이 있는 청년들을 위
해 직접 가르침을 주기도 하고, 또는 장학금을 내어 놓기도 하고,
공부할 기회를 만들어 주기 위해 노력하기 때문에 이들을 잠재력
교사라 부를 수 있다. 즉 공식적으로 가르치는 직업에 종사하거나
그러한 역할을 하는 것은 아니지만 사람을 성장시키고자 하는 교
육적 의도를 가진 집단이기 때문이다. 청년 김구에게도 이와 같은
집단이 있었는데, 유완무(柳完茂)와 성태영 등이었다.

유완무는 김주경의 하인을 통해 처음 김구를 알게 되었다. 김주
경에게는 자신의 집 노비였다가 나중에 인천에서 일자리를 얻어
살던 최덕만이 있었는데, 유완무는 이 사람을 통해 김구를 알게

되었다. 해주 사람 김창수(김구)[2]라는 청년이 왜놈을 죽이고 인천 감리서에 수감되었는데, 옥에서 감리나 경무관에게 호령을 하기도 하여 교수형을 당하게 될 것을 임금이 살려 주어 죽지 않고 있다는 소식을 들은 김주경이 거의 1년 동안이나 서울로 올라가 김창수를 살리려고 애를 쓰다가 결국에는 가산을 모두 탕진하고 피신까지 하였다는 것을 알게 된 것이다.

이에 유완무는 뜻이 통하는 몇 사람을 모아 김창수를 반드시 구해 내겠다는 생각으로 여러 가지 노력을 하였다. 그러나 모든 계획이 수포로 돌아가자 김구를 탈출시키기 위해 청년 13명을 모아 모험대를 조직, 한밤중을 이용하여 인천항 요지에 석유를 뿌리고 불을 지른 뒤 감옥을 부수고 들어가 김창수를 구출하기로 계획을 세웠다. 그러던 중 유완무는 감옥 사정을 조사하다가 3일 전에 김창수가 다른 죄수와 같이 탈옥하였다는 사실을 알게 된다. 이후 그는 1년 동안이나 수시로 김주경의 집에 들러 김구의 소식을 듣고자 노력하였고, 김주경의 셋째 동생 김진경(金鎭卿)의 집에서 잠시 머물고 있는 김구를 만날 수 있었다(김구, 1942).

유완무에게는 연산 이천경이나 지례 성태영, 이춘백, 자신의 제자 및 동서, 아들 유한경(漢卿), 무주군수 이탁(李倬) 등의 가족을 포함하여 시대의 흐름을 걱정하는 일단의 유학자이자 동지들이 있

---

2) 유년기에 김구는 창암(昌巖)으로 불렸다. 이후 1893년 동학 입도를 계기로 김창수(金昌洙)로 이름을 바꾸었고(같은 책, 주석 35: 43), 불도에 입문하여 원종(圓宗), 환속 후에는 잠시 김두래(金斗來) 혹은 김두호(金斗昊)라는 가명을 사용했다. 그 후 성태영과 유완무가 이름을 김구(金龜)로 바꾸어 주었다. 그리고 일본 호적에서 벗어나고자 한자를 바꾸어 김구(金九)가 되었고, 한인애국단 활동 때에는 백정선(白貞善)이라는 이름을 사용하기도 했다(홍인근, 2002: 69). 가흥에서 선상 피신생활을 할 때에는 장진구(張震球), 장진(張震)이라는 이름을 사용하였다(류숙희, 2004, p.48; 김구, 1942; 도진순, 2001).

었다. 이들은 동지들을 계속 규합해 나갔는데, 새로 동지가 생길 때에는 반드시 1개월 동안 동지들의 집에 머물게 하였다. 그리고 각자 관찰하고 생각한 것을 토대로 어떤 사업에 적합한지 자질을 판단하였다. 즉 관원에 적당한 사람에게는 관직을 주선하고, 상농(商農)에 적당한 사람에게는 상농으로 인도하여 종사하도록 한 것이다.

김구 또한 이러한 과정을 거쳤다. 그 결과 김구는 아직 학식이 부족하다고 판단되어 공부를 더 하되 경성 방면의 동지들이 그를 돕기로 했다. 이와 함께 상민 계급인 김구가 양반에게 눌릴 것을 염려하여 연산 이천경의 가택과 전답, 가구 전부를 김구의 부모에게 제공하기로 하였다. 김구는 경성에서 유학을 하고, 고향에서 부모를 모시고 서울까지만 오면 서울에서 연산까지의 행로는 유완무가 모두 책임지기로 한 것이다.

이에 동의한 김구는 집안을 정리하고자 고향으로 돌아갔다. 그런데 김구는 뜻밖에도 아버지의 임종을 맞게 된다. 이에 김구는 유완무 등에게 아버지의 부고를 알리고 이주를 하지 못한다는 것을 알렸다. 이로 인해 김구를 위해 특별히 조직된 잠재력교사집단의 계획은 취소되었다.

이후 김구는 아버지의 삼년상을 치르고, 2차 투옥이 되고, 출옥 후 교육운동을 하다가 상해로 건너가 활동을 계속하였다. 그 사이에 유완무는 북간도에서 구국 활동을 하였는데, 서로 다른 곳에서 이들은 동지로서 친구로서 서로의 안부를 걱정하는 절친한 벗이 되었다.

이러한 잠재력교사에 속한 또 다른 한 사람이 성태영(成泰永,

成兌永, 成台永)이다. 그는 경남 창녕의 원주목사를 지낸 조부를
둔 양반이었다. 김구가 그를 처음 만난 것은 유완무의 집을 떠나
이천경의 집을 거쳐 성태영의 집에 찾아갔을 때였다. 당시 상황에
대해 김구는, 처음 성태영의 집 사랑에 들어가자 청지기방, 상노방
등에 하인이 수십 명이고 사랑에 앉아 있는 사람의 모습은 귀족
같더라고 기록하였다.

성태영은 아버지의 부고로 활동을 계속하지 못한다는 김구를 만
나기 위해 당시 체류하던 경성에서 500여 리 길을 말을 타고 달려
와 조문을 하였다. 이에 감동한 김구는 인마는 돌려보내고 성태영
의 구월산 유람을 위해 동학군으로 함께 활동했던 월정동 송종서
(宋鍾瑞)와 정덕현(鄭德鉉)에게 안내를 부탁하였다. 이는 독자적으
로 활동하던 양반 유생집단과 동학군의 일부였던 황해도의 인사들
이 상호 교류하는 계기가 되었다.

이후 성태영은 만주로 건너가 1914년부터 1927년까지 교민들을
계몽하며 교육의 필요성을 일깨우며 교민 자치사업과 항일구국 자
치단체인 경학사(耕學社)와 부민단(扶民團), 한족회(韓族會) 등에서
일을 하였다. 길림성(吉林省)의 상의가(商儀街)에서는 이기팔(李基
八)과 함께 정미소 '부흥태(復興泰)'를 경영하며 독립지사들의 연락
장소를 확보하였고, 이곳에서 벌어들인 수입으로 군자금을 지원하는
등(민족정기선양센터, 2007)의 활동을 계속하였다. 그리고 임시정
부에서 주로 활동했던 김구와는 다른 지역에서 독립운동을 하였다.

유완무와 성태영 등과 같은 사람들은 청년 김구의 뜻과 가치 지
향이 일치하였다. 특히 청년기에 오랜 감옥 생활 등으로 피폐해진
김구에게 마음의 휴식처를 제공하고, 삶의 각오와 의지를 격려해

주었던 이들은 김구가 자신의 뜻과 가치를 지속적으로 유지하고 김구의 자기성찰과 관련된 사고와 능력을 강화시켜나가는 데에 필수적인 인적 환경이었다.

5. 반대자

일반적으로 일찍 두각을 나타낸 사람일수록 일찍부터 그와 관점이 다르거나 경쟁하는 사람이 나타난다. 특히 입장과 가치, 지향점이 분명하면 반대 입장을 가진 사람들이 더 명확히 인식되는 경향이 있다. 그리고 이에 대한 개인의 인식이 일찍 이루어질수록 자아실현의 방향도 명확해진다. 이처럼 동일한 일의 영역이지만 뜻과 방향이 달라 서로의 일에 방해가 될 수 있는 사람을 '반대자'라 할 수 있다. 이들을 통해 김구 자신의 입장과 가치를 더욱 분명하게 선택하고 표현하게 되었다.

동학 접주로 투쟁할 때의 김구의 반대자는 양민을 괴롭히는 무능하고 부패한 정부 관리였다. 그리고 의병장으로 활동할 때는 조선 사람을 대륙 침략의 희생양으로 삼았던 외세였다. 그래서 김구는 경무국장으로 활동하며 일제에 반대하여 정부의 안전과 독립운동의 진행에 깊이 관여해야 했고, 동시에 임시정부의 정치적 방향을 분명히 하는 데에도 노력해야 했다. 또한 이 무렵 김구에게는 일제 말고도 공산주의자라는 일단의 반대자가 있었다. 또한 해방 후 단독정부를 강요하는 미국이라는 집단도 있었다.

그런데 김구에게 가장 큰 반대자였던 일본 형사, 일본 군인, 일제는 김구의 삶에 영향을 미쳤지만 미시적인 수준에서 직접적으로 개별적인 상호작용을 통해서 영향을 미쳤다고 보기는 어렵다. 따라서 이 연구와 같이 개인적인 해석과 잠재력의 발달과정에 초점을 둔 심리학적 연구에서는 일제를 반대자로 놓고 그 영향을 분석하기에 부적절한 측면이 있어 제외하고자 한다. 따라서 여기서 기술된 반대자들은 잠재력의 계발을 저해하거나 강화시켜 준 개인들로 국한하였다. 따라서 여기에서는 작은아버지 김준영에서부터 정치적 입장이 다른 이동휘, 이승만, 김일성을 주로 기술하였다.

1) 자아실현의 방해자, 근거리의 반대자였던 작은아버지 김준영

김구에게 훌륭하고 애정적인 가족만 있었던 것은 아니다. 가족임에도 불구하고 김구의 잠재력의 실현을 방해한 가족도 있었다. 그 예는 계부 김준영이다. 김구의 부친 4형제 중 넷째로, 김구와 가장 많이 상호 작용했던 문중의 한 사람이기도 했다. 김구의 경우 작은아버지 김준영은 가족이자 문중의 일원이었기 때문에 반대자로 보기 어려운 듯하지만, 김구의 자아실현에는 조심해야 하고 경계할 대상이었다. 김준영은 주량이 세고 술버릇도 있어서 형인 김구의 아버지와는 반대로 취중에 양반에게는 손도 가까이 못 대면서 친족에게는 싸움을 걸고 욕을 하여 김구의 조부와 아버지에게 늘 꾸지람을 들었다고 한다. 김준영은 김구 나이 9세 때에 조부의 장례일에 상여꾼을 쫓아 버린 일이 있었다. 그러자 문중은 종증조 주최로 가족회의를 열고 그의 두 발 뒤꿈치를 잘라 폐인을 만들기로 결정하고 벌을 주었고, 다행히 힘줄이 상하지 않아 폐인은 면할 수 있었다. 이 모습을 본 김구의 어머니 곽낙원은 김구에게 술을 마시지 않도록 당부하였고, 김구는 어머니의 뜻에 따라 평생 술을 가까이하지 않았다. 이처럼 김준영이 폭력을 행사하는 대상과 방법은 김구에게는 반면교사의 역할을 한 것으로 보인다.

스치다 사건 이후 김준영은 그동안의 잘못을 뉘우치고, 형인 김구의 아버지에게 공손하였으나, 김구에게는 그렇지 않았다. 오히려 김준영은 조카 김구가 농사일에 관심이 없자 김구에게 농사를 짓게 할 것을 강권하였다. 하지만 김구의 아버지는 이 의견에 동의하지 않았다. 만약 아버지가 없었다면, 작은아버지 김준영은 문중의 지위를 이용하여 김구를 농군으로 살도록 강제하여 잠재력의 개화를 꺾을 수도 있었을 것이다.

김준영은 또 김구가 부친상을 당하고 농사일을 거들자 조카의 결혼에 힘쓰는 것을 자신의 당연한 의무로 여기고 결혼을 강권하였다. 김준영은 조카 김구를 끊임없이 돌보려고 했다. 기어코 자기와 함께 살며 농사를 짓도록 강요한 것이다. 그러나 김구는 이에 따르지 않았고, 이에 화가 난 김준영은 낫을 들고 조카를 해치려고 달려들었다. 이때 김구의 어머니가 김준영을 가로막고 아들을 피신시켜서 김준영은 끝내 뜻을 이루지 못했다.

그러던 중 김구가 장련에서 교육운동을 하고 있을 당시 김구의 집을 방문하여 김구가 의탁하는 오인형 진사를 만나고는, "조카가 남에게 그같이 신망을 받을 줄을 생각 못 하였다."고 하며 김구에 대한 오해를 풀고 그때부터 조카 김구를 매우 사랑하였다고 한다.

헌트 목사에 따르면, 오인형과 김구는 전도사업에 열중하며 신교육 운동을 함께 한 사이였다(최기영, 2003, p.31). 김구는 작은아버지 김준영을 세상일에 무심한 시골 사람으로 생각했다. 그래서 투옥 당시 어머니와 아내를 돌봐 줄 수 없으리라 생각했다. 그러나 김 준영은 김구가 체포된 후 어머니와 아내, 딸 화경 등 세 식구가 고 향인 해주를 들러 경성으로 가려 하자 집을 짓고 살림을 차려 주어 김구가 돌아올 때까지 보살피려 하였다. 그리고 김구가 석방된 이 후에는 김준영의 조카 김구에 대한 존중의 마음이 커졌다.

작은아버지 김준영은 가족이자 문중의 일원으로서 김구에게는 반면교사, 때로는 경계의 대상, 그리고 가족애의 대상이었다. 그러 나 김준영을 통해 후세대의 잠재력에 무지하고 완고한 기성세대가 후세대의 잠재력 발견과 계발에 어떠한 영향을 주는지 살펴볼 수 있다. 김준영은 자신의 방식과 애정으로 삼촌의 역할을 하려고 노 력했지만, 이러한 노력이 모든 것을 보장해 주는 것은 아니다. 후 세대를 위해 기성세대가 해야 할 중요한 일은 애정 그 자체보다는 후세대가 자신을 실현하도록 도와주는 일이다.

2) 김구의 가치지향과 자아실현 방향을 선명하게 한
   공산주의자 이동휘

성재(誠齋) 이동휘(李東輝 또는 李誠齊 또는 李覺民)는 우리나 라 독립운동사에서 매우 중요한 역할을 한 인물이다. 그러나 임시 정부의 중요한 요인이었던 그는 한때 김구와 사상적 견지가 달랐다. 일찍부터 유학과 동학, 불교라는 한국의 전통사상을 경험해 온 김구에게 경제구조에 기반을 둔 외래의 공산주의와 이동휘의 행동 방식은 이질적인 면이 있었다. 그러나 중요한 것은, 김구가 이와 같이 소통하기 어려운 인사를 만났을 때 그가 지향하는 가치를 실현하기 위해서 어떤 선택을 하느냐이다.

이동휘는 이승교(李承橋)의 아들로 1873년 함경남도 단천에서 출생하였다. 김구보다 3세 위이며, 1895년 한성무관학교(漢城武官學校)에 입학하여 수학한 뒤 육군 참령(參領), 1902년부터는 강화도 진위대장(鎭衛隊長)으로 활동하였다. 1906년에는 강화도에 보창학교(普昌學校)를 설립하였으며, 대한자강회(大韓自强會) 활동 등 민족주의 교육과 구국계몽운동에 노력하였다.

이동휘는 1907년 일제가 군대를 강제 해산하자 의병을 일으키려 하였다. 그러나 이것이 실패하자, 이동녕, 안창호 등과 신민회를 조직하여 개화운동과 항일투쟁을 벌였다. 그리고 중국 만주로 망명하여 반일 성격의 간민회에 가담하였고, 그 후 강화도의 합일학교(合一學校)를 비롯하여 개성과 평양, 원산 등지에서도 여러 학교를 설립하였다.

1911년 김구와 함께 신민회 사건으로 함경도에서 투옥된 이동휘는 무의도에 3년간 유배되었다. 그러나 1912년 가을, 외국인 선교사의 도움으로 유배지를 탈출하여 북간도(北間島)로 망명하여 광성학교(光成學校)를 설립하였고, 북간도 전역에서 기독교 선교사업을 추진하였다(민족정기선양센터, 2007).

1913년, 이동휘는 러시아 연해주(沿海州) 블라디보스토크의 신한촌(新韓村)을 중심으로 활동하였다. 이때 그는 이상설(李相卨),

이갑(李甲), 신채호(申采浩), 정재관(鄭在寬) 등과 함께 '독립전쟁론'에 따라 민족해방투쟁 방식을 채택하였다. 그러던 중 1914년 제1차 세계대전의 시작으로 러시아의 민족운동 탄압이 시작되자 중국 왕청현(汪淸縣)으로 가서 대전무관학교(大甸武官學校)를 설립하고 독립군 양성에 힘을 기울였다. 그리고 1917년 봄 볼셰비키혁명이 일어나자 이에 가담하여 활동하다가 7월 초 독일 밀정으로 오인되어 러시아 임시정부 헌병대에 체포되어 수감되었다. 이후 이동휘는 1918년 한국 출신 여성인 볼셰비키 김알렉산드라 페트로브나 스탄케비치의 도움으로 풀려나 한국 민족운동에 사회주의를 접목시키기 시작하였다. 또한 1919년에는 상해에서 대한민국 임시정부 조직에 참여하여 군무총장을 거쳐 1920년에는 국무총리를 지냈다(민족정기선양센터, 2007).

임시정부에서 활동하고 있던 어느 날, 이동휘는 김구에게 공원 산책을 청하고 민족의 앞날을 위해 공산혁명을 하자고 제의하였다. 그러나 김구는 공산혁명이 제3국제당, 코민테른의 명령을 따르지 않고 독자적으로 할 수 없다면, "자존성을 상실한 의존성 운동이니 선생은 우리 임시정부 헌장에 위배되는 말을 하심이 대불가(大不可)하니 이를 따를 수 없으며, 스스로 자중하시기를 바란다."고 하였다. 또한 김구는 "심지어 정부에서도 국무총리 이동휘는 공산혁명을 부르짖고 대통령 이승만이 데모크라시를 주창하여 국무회의 석상에서 의견 불일치로 종종 논쟁이 생기고 국시(國是)가 서지 못하여 정부 내부에 좋지 않은 현상이 계속 생겨난다."고 우려하였다.

결국 이동휘는 얼마 후 모스크바의 레닌에게서 받은 독립운동자금 중 일부를 고려공산당 조직기금으로 유용한 것이 드러나 사임하였다(민족정기선양센터, 2007). 그 뒤 1927년 일본이 국내 공산주의자들을 검거하자 이들을 돕기 위해 국제혁명자후원회에 참여하였으며, 블라디보스토크 국제혁명자후원회 책임자로 활동하였다. 그리고 1935년 블라디보스토크 신한촌에서 임종하였다(민족정기선양센터, 2007).

이동휘와의 대면 속에서도 김구의 자아실현은 그가 실현하고자 하는 가치, 민족이 스스로 통치하는 세상임을 알 수 있다. 한 사람이 가지는 가치의 색깔과 참모습은 그와 구분되어 대조되는 듯 보이는 행동방식과 태도를 지닌 사람에 의해 더욱 분명히 드러난다. 그러므로 이동휘의 제안과 행동은 김구가 자신의 입장을 더욱 선명히 하는 데에 기여했을 것이다.

김구는 또 상해에서 활동하던 이동휘의 딸 이의순(李義榔)에게 각별하였는데, 이의순은 상해에 있던 여성애국항일단체에서 적극적으로 활동하였다. 1919년 4월 11일 상해 프랑스 조계(租界) 안에서 남성들이 대한민국 임시정부를 만들 당시 이의순은 한국 여성들을 모아 독립운동에 동참할 것을 권유하는 한편, 군자금 모금과 중·일전쟁 중의 부상병 간호를 담당하며 임시정부와 그 요인들을 도우며 흩어진 민심을 임시정부 중심적 체제로 모으는 데 주도적인 역할을 하였다(동서문화사, 2007). 이동휘와 이의순 등은 김구가 함께 활동했던 사람들이다. 일의 큰 줄기는 독립운동으로 동일하였지만, 서로가 특성과 역할은 다소 달랐다. 이는 선택을 해야 하는 과정에서 그 사람의 진의의 깊이와 특성이 드러나게 된다. 이동휘로 인해 독립지사 김구는 독립의 형태와 방향에서 민족주의 계파의 정치가로서 구분되었다.

3) 김구를 민족 중심의 참지도자의 모습으로 상징화시킨 이승만

이승만은 1875년 황해도 평산(平山)에서 태어나 3세 때 집이 서울 남대문 밖 염동(鹽洞)으로 이주를 하였다. 1895년 신긍우(申肯雨)의 권유로 배재학당(培材學堂)에 입학하여 미국인 선교사 부인에게 한국어를 가르치며 학비를 벌었으며, 배재학당에서 진보적인 개화당 관계의 청년들과 접하게 된 인연으로 외국의 문물을 익혀 그 자신도 진보적인 사상을 갖게 되었다.

1896년 이승만은 서울에서 서재필의 지도로 협성회(協成會)를 조직하고 주간신문 협성회보(協成會報)를 발간하며 주필이 되어 정부에 대한 날카로운 비판을 전개하였다. 이로 인해 협성회보는 정부의 탄압을 받아 폐간되었고, 그 뒤 일간지 매일신문(每日新聞)을 발행하며 계속 주필로 활동하였다. 그리고 "광무황제는 연령이 높으시니 황태자에게 자리를 내주셔야 한다."는 내용의 전단을 배포한 혐의로 징역 7년 형을 언도받고 옥고를 치렀다. 이때 그는 감옥에서 그의 정치사상을 표현한 『독립정신(獨立精神)』이라는 책을 저술하였다.

김구는 1911년 안명근이 일으킨 안악사건으로 투옥되었고, 거기서 "서대문 감옥에 진귀한 보물이 있으니 지난날 이승만 박사가 자기 동지들과 같이 투옥되었을 시에 서양인 친구들에게 연락하여 옥중에 도서실을 설치하고 내외국의 진귀한 서적을 구입하여 5~6년간 긴 세월 동안 간수에게 구국(救國) 흥국(興國)의 도(道)를 가르쳤으니, 내가 일을 하지 않는 날에는 이 박사의 손때와 눈물자국이 있는 '감옥서'라는 도장이 찍힌 광학류편(廣學類編), 태서신사(泰西新史) 등 서적을 보게 되어, 배알치 못한 이 박사의 얼굴을 보는 듯 반갑고 무한의 느낌이 일었다.”고 기록하고 있다.

이승만은 1919년 3·1독립운동이 일어나고 4월에 상해에서 임시정부가 수립되자 대통령으로 추대되었다. 그러나 이후 이승만은 미국으로 떠나고 그 후 몇 년이 지나고 어려운 임시정부의 일을 맡아 하던 김구는 “이 대통령(이승만)이 취임 시무할 적에는 중국인사는 물론이고 영·불·미 친구들도 더러 방문을 하였는데, 이제 서양인 친구는 한 명도 내방자가 없다.”고 염려하였다.

미국으로 건너간 이승만은 1940년 12월 8일 일본의 진주만 공격으로 태평양전쟁이 발발하자 임시정부 구미위원장으로 활동하며 국민들의 단결을 호소하는 육성방송을 실시하여 희망과 용기를 북돋았다. 그리고 1945년 8월 15일 일본의 항복으로 광복을 맞이하여 그해 10월 16일에 귀국, “뭉치고 엉키라. 뭉치면 살고 흩어지면 못 사나니 다 같이 하나로 뭉치자.”고 역설하였다(민족정기선양센터, 2007).

그러나 해방 후 김구는 원치 않은 형태로 이승만과 대립구도를 형성하게 되었다. 그리고 이승만과 결탁했다는 혐의를 받고 있는 미군 방첩대(CIC) 정보원이자 정식 요인인 안두희(安斗熙)에 의해 암살되었다. 초대 대통령으로서 6·25동란과 그 이후 이승만이 보여 준 행위들은 이미 유명을 달리한 김구에 대한 청중의 깊은 아쉬움을 남겼다. 이후 김구는 민족과 국민을 중심에 놓는 지도자로 상징화되었다. 그것이 이승만과 가장 크게 대별되는 김구의 모습일 것이다.

4) 이념을 초월한 민족통일의 상징으로 김구를 자리매김한 김일성(김성주)

  김구는 김일성을 단 한 차례 만났을 뿐이다. 개인은 마치 우연에 의해 특정 사회적 위치와 장소에 있게 되고, 우연적인 만남을 갖는 듯이 보이지만, 그 우연 속에는 특히 한 뜻을 향해 줄기차게 삶을 진행시켜 온 의지가 강할수록 필연적으로 만나게 되는 사람과 순간이 오며, 그것이 역사의 한 매듭을 만들어 가게 된다. 김구와 김일성의 만남은 우연적으로 보이는 역사적인 의식이었다.

  김일성(金日成)은 1912년 평안남도 대동에서 태어났다. 김구와 김일성의 관련성을 보자면, 김일성의 아버지 김형직(金亨稷)이 평양 숭실중학 출신의 독립운동가로서 김구가 중국에서 독립운동을 할 때인, 1925년 김형직도 중국 지린성 유원중학을 중퇴하고 만주와 러시아 등에서 광제의원, 무림의원, 순천의원 등을 설립하여 의료사업과 독립운동 자금을 모금하여 항일운동을 전개하였다(위키백과, 2007).

  김일성은 이와 같은 아버지에게서 태어나서 1937년부터 1940년 사이에 약 100명 정도를 거느리고 무장투쟁을 하여 유격전으로 크게 명망을 얻었으며, 1949년에는 조선공산당의 붕괴를 초래한 원인으로 교조주의를 지목하고 혹독한 비판을 하며 하나의 통일된 운동으로 조직적인 투쟁을 할 것을 제시하였다고 한다. 1940년 김일성은 소련 극동군 제88국제여단의 대위가 되어 5년 동안 교육을 받았는데, 그 뒤 8 · 15광복이 되면서 원산항을 통해 귀국, 당시 소련 사령관 로마넨크 소장으로부터 운집한 7만여 명의 군중들에게 '김일성 장군'으로 소개되면서 정치활동을 시작하였다.

김일성은 해방 이후의 국내에서 정치 기반이 전혀 없었다. 그러나 소련 군정의 지원을 받아 민족진영과 공산진영으로 반씩 구성된 위원회를 조직하여 민족진영과 공산진영의 동등한 합작전략을 펼치다가 점차 공산진영 인사의 수를 늘리는 방법으로 공산진영 독점체제를 만들어 북한을 관리하고 조직을 구성해 나갔다고 한다. 이후 김일성은 남과 북조선노동당(北朝鮮勞動黨)을 1949년 6월 남북의 세력을 통합한다는 의미에서 조선노동당으로 개칭하고 북조선인민당중앙위원회를 조직하여 스스로 인민위원장이 되었다. 그리고 곧 수상이 되어 조선민주주의인민공화국을 수립하였다(위키백과, 2007).

소련에서 귀국하여 국내에 기반이 없었던 김일성은 민족주의자 조만식, 국내파 공산주의자 현준혁, 박헌영 등을 차례로 제거하며 기반을 다지고 독재체제를 구축하였다. 이 시기, 즉 1945년부터 1950년대까지를 무력혁명기라 할 수 있는데, 남한까지 공산화를 이루려고 준비를 하는 이 시기에 김구가 김일성을 방문하였다.

1949년 김구는 김규식과 함께 김일성에게 제안하여 평양 쑥섬(강나도)에서 남북연석회의를 가졌다. 그러나 남북 총선거를 실시하여 통일국가를 갖자는 김구의 주장과 북조선의 단독 정부를 세우자는 김일성의 주장은 서로 엇갈려 결국 회의는 성과 없이 끝났다.

김구는 그의 반대자인 김일성과 달리 당시의 정치인들이 의견을 나누고 귀 기울이고 헌신해야 할 대상이 누구인지 명확히 알고 있었다. 그리고 그에 대해 헌신하고자 했다. 그는 이념을 초월하여 가족, 민족, 사람들이 더불어 행복하고 자유롭게 자신의 본모습을 존중받으며, 문화의 힘을 키우며 살고자 하는 꿈을 가지고 있었다. 이로 인해 이념을 초월한 민족통일의 상징으로 김구는 자리매김하게 되었다.

5) 김구를 친소·친미가 아닌 민족주의자로 구분하게 한 여운형과 김규식

여운형과 김규식은 독립운동에의 각자의 헌신과 노력으로 이름이 높은데, 이들과의 만남 및 비교는 김구의 정치성향을 드러나게 만드는 요인으로 작용하였다.

여운형(呂運亨, 夢陽)은 1885년 경기 양평에서 태어났다. 김구에 비해 약 9세가 적다. 어려서부터 배재학당(培材學堂)과 흥화학교(興化學校) 등에서 신학문을 접하였고, 1908년 23세에는 부친 탈상 이후 집안의 노비들을 과감히 해방시키는 등 신분제 타파에 앞장섰다. 이후 초당의숙(草堂義塾), 장로교연합신학교, 중국 금릉대학(金陵大學)에서 공부하였고, 1917년부터는 상해에서 민족운동을 하였다.

1918년, 여운형은 신한청년당(新韓靑年黨)을 조직하고 총무로 활약하였다. 1차 세계대전이 끝나고 파리강화회의가 열릴 당시에는 천진(天津)에 있던 김규식(金奎植)에게 파리강화회의에 참석하도록 요청하였으며, 국제사회에서 한국의 독립 문제를 부각시키기 위한 거족적인 민족운동을 계획하고 추진하여 3·1운동의 초석이 되었고, 장덕수(張德秀)를 일본에 파견하여 2·8독립선언을 촉발케 하였다. 또한 만주와 러시아 등지에서 독립운동의 중앙기관을 상해에 두어야 한다고 주장하여 이동녕(李東寧), 조완구(趙琬九), 조성환(曺成煥) 등의 동의를 얻고, 독립운동의 단일 조직 형태를 강조했다.

3·1운동 직후인 1919년 4월 상해에서 대한민국 임시정부가 수립되자 여운형은 외무부 차장, 임시 의정원 의원 등으로 활약하였다. 그리고 그해 11월에는 일본 동경을 방문하여 일본 고위관료들을 상대로 한국의 독립을 역설하여 일본은 물론 국제사회에 큰 반향을 불러일으켰다.

이후 상해로 돌아온 그는 1922년 10월 장기적 계획 아래 김구 등과 함께 한국노병회(韓國勞兵會)를 조직하여 군사적 투쟁을 준비해 나갔다. 이 과정에서 독립운동계에서 임시정부의 재편 문제가 크게 부상하자 안창호 등과 함께 '임시정부 개조'를 주장하였다.

1922년 1월 극동피압박민족대회에 참석한 여운형은 독립운동 전선의 단결과 재정비를 목적으로 한 국민대표회의에도 참여하였으나 결렬되자, 이후 중국 공산당원과 손문(孫文), 그리고 소련 고문단 등의 인사들과 접촉하면서 중국 국공합작 성립에 노력하면서 한국 독립운동의 역할과 중요성을 역설하였다. 여운형은 또 국내 사회주의자들과도 밀접하게 연관을 맺고 있었다. 1926년 1월에는 조선공산당 임시 상해정부를 조직하여 활동하였고, 융희황제가 승하하자 만세운동의 기회로 삼아 6·10만세운동에 영향을 끼쳤다.

이후 여운형은 상해를 주 무대로 활발히 독립운동을 전개하다가 1929년 영국의 식민정책을 비난한 이유로 영국 경찰에 체포되어 국내로 압송, 3년간 옥고를 치렀다. 그리고 출옥 후인 1933년 조선

중앙일보사(朝鮮中央日報社) 사장에 취임하여 언론을 통한 항일투쟁을 전개하였고, 베를린올림픽대회 손기정(孫基禎) 선수의 '일장기 말소사건'으로 사장직에서 물러났다. 이때 조선중앙일보는 폐간되었다. 또한 1940년부터 1942년까지 여러 차례 일본 동경을 방문하고 일본의 패망을 확신하여 1944년 8월 비밀리에 건국동맹(建國同盟)을 조직하여 조국광복을 준비했다(민족정기선양센터, 2007). 광복 이후 김규식 등과 좌우합작운동을 적극 추진했고 미소공동위원회의 성공을 위해 노력하다가 1947년 7월 19일 서울 혜화동 로터리에서 한지근에게 암살당했다(다음백과, 2009).

1881년 부산 동래에서 태어난 김규식은 언더우드학원에서 서양식 교육을 받은 뒤 16세에 서재필의 권유로 미국 유학을 하여 트린스턴에서 석사학위를 받았다. 1918년 모스크바의 약소민족대회에 참가하였으며, 1919년에는 신한청년당을 조직하고 대한민국 임시정부의 탄원서를 파리 강화회의에 제출하는 등 임시정부 국무위원으로 활동하였다. 특히 그는 1923년 9월 코민테른에서 "공산주의자와 민족주의자 모두가 조선민중의 해방을 위해 협력해야 한다."고 주장하였다(이준식, 2003). 그리고 1935년 5당 통일이 시작되고 임시정부 취소운동이 확대될 당시 임시정부 국무위원이었던 김규식은 통일에 심취하여 임시정부 파괴에는 무관심하였다고 김구는 섭섭함을 토로한 바 있다.

1945년 해방 당시 김규식은 반탁(反託)의 입장을 취하고 있었다. 그러나 좌·우익이 힘을 합쳐 자주적인 임시정부를 수립하는 것이 중요하다고 판단하여 여운형과 협력해 좌우합작운동을 적극적으로 전개하였다. 이처럼 김규식은 김구, 이승만과 함께 우익의 한 사람으로 인식되지만 여운형과 함께 중간파의 지도자 역할을 한 것으로 알려져 있다(이준식, 2003). 이후 김규식은 1948년 4월 김구와 뜻을 같이하여 38선을 넘어 남북협상을 벌였고, 5·10선거에 불참하였으며, 1950년 납북되었다.

여운형과 김규식은 김구와 같은 뜻을 가졌지만 다소 다른 방식으로 일을 전개해 나갔다. 때때로 함께 회의도 하고 같이 일을 하기도 하였지만, 같은 행동방식을 같이 취하지 않은 이유는 생애의 이전 시기를 보낸 사람, 즉 서로의 스승집단과 동지집단이 달랐기 때문일 것이다.

6. 청중

'청중'은 자신의 일을 평가해 주고 지원을 해 줄 수 있는 집단을 말한다. 김구에게 첫 번째 헌신적인 청중은 김주경(김경득)일 것이다. 또한 독립운동가 백범 김구의 이름을 상징화시킨 두 의사, 이봉창과 윤봉길은 김구의 의미 있는 청중이 될 것이다. 그러나 누구보다 청중은 앞서 살펴본 여러 집단에 비해 매우 융통성 있고 변화특성이 많은 집단이다. 즉 청중이 되었다지만 동지가 되기도 하고, 반대자가 되기도 한다. 혹은 '대한민국 국민'이라는 추상적이고 폭넓은 개념이 될 수도 있다.

첫 번째 사적이면서도 친지와 범위가 공유되는 청중은 잠재력에 대한 자기 인식에 매우 중요한 역할을 한다. 그것은 한 사람의 잠재력이 사리와 연결 될 수 있는 역할을 찾았다는 것을 의미하기 때문이다. 그러므로 첫 번째 청중은 한 개인의 젊은 시절, 혹은 잠재력의 성장과 계발에 매우 중요하다. 이로 인해 개인의 잠재력이 발달이 시작되지 않고, 사회적 기여를 할 수 있으며, 사회적인 흐름과 같은 방향을 지향하도록 만들기 때문이다.

또 하나의 청중은 그 개인의 잠재력 실현이 봉사를 하는 목적적인 청중일 것이다.

예술 및 학문 분야의 경우에는 시공을 초월한 '논문'과 '예술작품'이 남을 수 있다. 그래서 사후에 청중을 갖기도 한다. 그러나 '논문'과 '예술작품' 같은 산물이 없는 경우에는 사후의 청중을 갖지 못한다. 이는 한 개인의 잠재력 발현이 인류에게 기여하지 못할 수도 있다는 것을 의미한다. 따라서 의미 있는 추종자 혹은 청중을 갖는 것은 매우 의의 있는 일이며, 한 개인에게는 그의 잠재력 실현이 세대를 넘어 세습될 만한 가치를 가졌다는 의미를 갖는다.

김구처럼 그의 죽음이 완료가 아니라 현재적 문제로서 받아들여져 민족적 사명과 변화하는 세상 속에서도 결코 변화하지 않는 그의 마음을 따르겠다고 생각하는(고은, 2008) 이후의 청중들이야말로 가장 중요한 청중이다. 그중에서 분단국가의 통일을 염원하는 우리 민족은 김구의 삶과 업적에 대한 가장 의미 있는 청중이다. 이와 같은 청중을 통해 김구 자신의 생사를 넘어 그의 자아의 의지는 지속되고 성장하고 있음을 알 수 있다. 그러므로 청중은 우리 삶에서 가장 중요한 인적 집단이자 목적이 되기도 한다. 여기서는 김주경, 이봉창, 윤봉길을 중심으로 기술하였다.

1) 첫 번째 헌신적인 청중 김주경(김경득)

청년기에 김구는 치하포 사건을 통해 성공적인 사회 입문식을 치렀다고 볼 수 있다. 그가 주장하는 바에 진정으로 귀를 기울여 주는 청중이자 동지들을 만나기 시작했기 때문이다.

김주경(김경득)은 투옥 생활을 하기 전까지 김구와는 한 번도 만난 적이 없는 사람이다. 강화의 하급 관리였던 김주경은 흥선대원군이 강화도 별무사를 양성할 때 군수품 창고지기를 담당했던 인물이다. 그는 어릴 때부터 도박을 일삼았는데, 이를 벌하기 위해 부모가 곳간에 가두어 두었을 정도였다. 그러나 김주경은 오히려 갇혀 있는 곳간에서 도박의 기법을 연구하여 강화 일대를 돌며 많은 돈을 끌어모았고, 하급 관속을 매수하기도 하는 등 특이한 사람이었다. 김주경은 치하포에서 민 황후를 살해한 일본인을 죽인 청년 김구의 소문을 듣고 달려와 김구의 어머니에게 옷감도 끊어 주고 생활비도 대어 주었다. 그리고 서울의 한규설(韓圭卨), 강화의 이건창(李健昌)을 찾아가 구명운동을 전개하였다. 그러나 이러한 모든 노력은 별다른 성과가 없었고, 결과적으로 가산만 줄어들었다.

물심양면으로 김구의 석방을 위해 노력한 김형진은 모든 노력이 허사로 돌아가자 다음과 같은 시를 보내 탈옥을 권하였다.

> 조롱을 박차고 나가야 진실로 좋은 새이며(脫籠眞好鳥)
> 그물을 떨치고 나가야 예사스러운 물고기가 아니리(拔扈豈常鱗)
> 충은 반드시 효에서 비롯되니(求忠必於孝)
> 그대여, 자식 기다리는 어머니를 생각하소서(請看依櫚人)
> (김구, 1928; 도진순 주해, 2001: 126).

이후 김주경은 붓을 파는 행상을 하여 큰돈을 모았다. 그러나
품고 있던 포부와 책략을 펴지 못하고 객사하고 말았다.

김주경은 비록 독립운동을 함께하지는 못하였으나 김구에 대한
기대와 헌신이 남달라 김구에게 깊은 감동을 남겼다. 김구가 해방
후 27년 만에 돌아온 고국에서 누구보다 만나고자 했던 사람은 김
주경의 가족이었다. 또한 김구는 김주경을 통해 유완무와 같은 중
요한 후원집단을 만나게 되었다.

2) 독립운동가 백범 김구의 이름을 독립운동가의 대명사로 상징화시킨 두 의사 이봉창과 윤봉길

이봉창(李奉昌)은 1901년 서울에서 태어났다. 10세에 용산의 사
립 문창학교(文昌學校)에 입학하여 4년 후 졸업, 14세 이후 줄곧
일본인 과자점, 일본인 약국 점원, 기차역 잡부 등으로 전전하며
출세를 꾀하다 1925년 일본으로 건너가 일본 이름을 사용하면서
살았다. 따라서 그의 태도와 말투, 몸짓이 거의 일본인처럼 되어서
일본인도 알아채기 어려웠다고 한다(홍인근, 2002: 62 - 63). 그러
나 일본인으로서 성공하고자 노력했던 이봉창은 자신이 일본인이
될 수도 없으며, 또한 그것이 의미 없다고 깨닫게 되고 임시정부

가 있는 상해로 찾아온다.

이봉창이 상해로 올 무렵 김구는 임시정부와 독립운동계의 침체된 상황을 벗어나기 위해 고심하고 있었다. 당시 대한민국 임시정부의 강력한 의열투쟁의 선택과 실천의 표현인(김희곤, 2007, p.451) 한인애국단(韓人愛國團) 단장으로 활동하던 김구는 우연히 찾아온 낯선 청년 이봉창과 의기투합하여, 그의 일본에서의 경험을 토대로 일왕 암살계획을 추진한다. 이때 김구는 독립운동의 일환으로 재미 동포의 재정 지원 약속과 함께 임시정부 소속의 한인애국단 단장으로서의 전권을 위임받은 상태였다. 그리고 고려공산당을 통해 수류탄 6개를 입수하여 의거 계획을 세우고 대원에게 결행을 종용하였으나 뜻을 이루지 못하고 기회를 보고 있었다.

김구와 이봉창의 유목적적 만남이 지속되는 동안 김구는 자금과 폭탄을 준비하였고, 이봉창은 일본인이 경영하는 철공소에서 일하면서 거사를 계획하고 준비하였다. 이후 1년쯤 뒤인 1931년 12월, 미주 동포 사회에서 보내온 자금으로 폭탄을 준비하였다.

1931년 12월 13일, 이봉창은 한인애국단에 가입 선서를 하고 정식 단원이 되었다. 이때 김구는 죽음을 각오할 수밖에 없는 위험한 곳에 이봉창을 보내는 슬픈 마음에 처연한 표정을 숨길 수 없었는데, 오히려 이봉창은 "제가 영원한 쾌락을 얻으러 가는 길이니 우리 기쁜 표정으로 사진을 찍읍시다."라고 하며 김구를 위로하였다.

그저께 선생께서 해진 옷 속에서 많은 액수의 돈을 꺼내 주시는 것을 받아 가지고 갈 때 눈물이 나더이다. 일전에 제가 민단 사무실에 가 보니 직원들이 밥을 굶은 듯하여 제 돈으로 국수를 사다 같이 먹은 일이 있었습니다. 그저께 같이 자면서 하시는 말씀은 일종의 훈화로 들었는데, 작별하시면서 생각지도

못한 돈뭉치까지 주시니 뭐라고 말을 못 하겠더이다. 불란서 조계지에서 한 걸음도 나서지 못하시는 선생께서는, 제가 이 돈을 가지고 가서 마음대로 써 버리더라도 돈을 찾으러 못 오실 터이지요. 과연 영웅의 도량이로소이다(김구, 1942; 도진순 주해, 2001: 325 - 326).

지도자가 사람들을 지휘할 때, 특히 도모하고 있는 일이 생명을 걸어야 할 만큼 위험하고 중요한 일인 경우 반드시 상호 신뢰가 있어야 한다. 김구에게 이봉창이 후배이자 동지였던 것 이상으로 이봉창에게 김구는 스승이자 선배였다.

1932년 1월 8일, 이봉창의 수류탄 투척이 일왕의 마차 옆에 폭발하여 근위병과 말을 쓰러뜨리는 것으로 그쳤지만, 이 일로 한국 독립운동의 강인성과 한국민의 지속적인 저항성을 전 세계에 과시하였다(민족정기선양센터, 2007).

이봉창 의거 이후 또 하나의 큰 의거는 윤봉길(尹奉吉) 의거였다. 1908년 충남 예산에서 태어난 윤봉길은 11세 때인 1918년 덕산공립보통학교(德山公立普通學校)에 입학하였으나 이듬해 3·1 독립운동이 일어나자 일제의 식민교육을 배척하여 학교를 자퇴하고 사설 서당인 오치서숙(烏致書塾)에 들어가 매곡(梅谷) 성주록(成周錄)에게서 한학을 수학하였다. 이때 윤봉길은 특히 시(詩)에 재능이 있었다고 한다. 그는 당시 민족운동지『개벽(開闢)』과 ≪동아일보≫ 등의 신문을 읽고 나름대로 민족운동의 방향을 정립해 갔다.

1927년 윤봉길은 구매조합을 조직하여 농민의 경제자립을 추구하였으며, 독서회(讀書會)를 통해 문맹퇴치에 힘썼다. 또한 1928년

부흥야학원(富興夜學院)을 설립하여 교육운동에 힘썼고, 월례강연회(月例講演會) 등을 열어 신문화운동을 전개하였다. 그리고 『농민독본(農民讀本)』을 발표하여 허례허식 지양의 교육정신과 주체적 민족정신을 확립하고 근검·절약·근로정신을 고양하고자 하였으며, 1929년 월진회(月進會)를 조직하였다.

윤봉길은 월진회를 통해 농민의 단결과 민족정신의 배양, 애국사상 고취 등 농촌운동을 전개하였다. 그러나 나라의 독립을 되찾기 전에는 농촌운동이 성공할 수 없음을 깨닫고 친구인 시조사 기자 이흑룡의 조언에 따라 1931년 6월 23일 중국으로 망명하였다.

윤봉길은 망명지인 중국 상해에서 김구를 찾아가 독립운동 의지를 밝혔다. 이때 김구는 윤봉길에게서 그리 큰 인상을 받지는 못했다(매헌 윤봉길 의사 의거 제60주년 기념사업추진위원회, 1992: 79). 이후 윤봉길은 한인 동포 사업가 박진(朴震)이 경영하는 중국 채품공사에 취직하여 말총모자 등을 만드는 직공으로 근무하며 한인공우친목회(韓人工友親睦會)를 조직, 회장으로 활동하였다. 그리고 이봉창 의거를 듣고는 김구에게 찾아가 자신 역시 한인애국단에 참여할 의지를 다시 확인하였다.

1932년 4월 29일, 상해에 진주한 일본군은 상해사변의 승전축하와 일왕의 생일인 천장절(天長節) 행사를 홍구공원(虹口公園)에서 거행하였다. 이날 윤봉길은 김구와 계획한 대로 행사장에 폭탄을 던져 시라카와(白川義則) 사령관, 가와바다(河端貞次) 상해 거류 일본민단장, 노무라(野村吉三郎) 중장 등 많은 장성 군인과 기자들에게 중상을 입혔다(매헌 윤봉길 의사 의거 제60주년 기념사업추진위원회, 1992: 99).

이봉창과 윤봉길 의거는 한인애국단 조직을 결정할 때 임정 지도자들이 생각했던 대로 당시 독립운동계에 존재하는 민족정신의 자세를 재확립하게 하는 귀중한 의미를 갖는다(백범전기편찬위원회, 1982: 184). 또한 김구는 이러한 의거를 통해 상해 임시정부에서 활동하던 한 사람에서 명실 공히 국내외에 대한민국을 대표하는 한 사람으로 인정받게 된다.

이봉창과 윤봉길은 생명을 걸고 의거를 하는 과정에서 김구의 지시에 대해 한 점의 의혹도 갖지 않았다. 김구는 자신이 지향하는 가치를 주장하였고 이를 따라가려는 젊은 청중들을 만났고, 그들의 기여를 통해 민족독립을 상징하는 이름이 되었다.

5장

교육적 함의

1. 잠재력의 계발을 이끄는 교육환경
2. 생태학적 환경론

1. 잠재력의 계발을 이끄는 교육환경

한 사람의 잠재력의 발견과 성장, 실현 과정에는 필연적으로 인적 환경이 존재한다. 잠재력의 발견과 계발은 이 과정에 기여하는 다양한 관련 인사와 집단의 도움과 상호작용에 따라 가능하기 때문이다. 실제로 인적 환경은 잠재력의 발견과 계발이 가능하게 하는 태도, 가치, 선택에 영향을 미치는 가장 주요한 교육적 요인이 된다.

김구의 잠재력이 성장되어 가는 인적 환경을 혈연 및 공동생활 관계로 구성된 '가족', 공적으로 가르침을 베풀고 배우는 '스승', 모델·충고자의 역할을 해 주는 '잠재력교사', 동일한 일의 영역에서 뜻과 방향을 같이하며 함께 일하는 '벗과 동지', 동일한 일의 영역이지만 뜻과 방향이 달라 서로의 일에 적이 될 수 있는 '반대자', 그리고 자신의 일을 평가해 주고 지원을 해 줄 수 있는 '청중'으로 분류하여 구체적인 상호작용 과정을 분석하였다. 이 인적 환경이 잠재력을 계발해 주는 교육적 환경이 되는 이유와 특성을 정리해 보면 다음과 같다.

첫째, 가정은 사회적 규칙과 문제의식, 그리고 미래에 대한 열망을 심어 주는 교육적 환경이다.

어린이는 10대 초반까지 부모와 친척, 친구, 그리고 부모와 친척이 속한 작은 사회와 많은 상호작용을 한다. 이 과정에서 어린이들은 가까운 주변 사람들의 세상을 이해하는 방식을 습득하고, 사회 속의 한 사람으로서 성장해 갈 자신의 모습을 탐색한다. 마치 김구가 유년기에 부모와 친구, 그들과의 상호작용 속에서 꾸지람을 듣고, 싸움도 하고, 자기를 주장하였던 것처럼 지낼 것이다. 김구는 즐거웠던 놀이의 추억이나 맛있는 음식, 친척들의 따뜻한 친절에 대한 기억을 가지고 있었고 동시에 자신의 정체감과 존재 가치에 대해 치열한 고민을 했다. 이는 상민이라는 정체감에 대한 회의를 품고 있는 아버지와 가문의 고민을 공유했기 때문이다. 가족은 가치의 선택과 학습의 범주를 선택하는 데에 큰 영향을 미친다. 그리고 이는 한 개인의 타고난 잠재력의 발현 방향과 발현 방식에 테두리를 치는 역할을 한다. 즉, 김구의 아버지처럼 가족은 아동의 학습 행동에 영향을 미치기보다는 어떤 특정한 행동을 못 하도록, 또는 학습하지 못하도록 영향을 미치는 경향이 있다. 전 생애 발달의 관점에서 가족의 영향은 무엇을 하지 말아야 하는가의 기준을 제공한다.

좋은 혜택을 받지 못하는 집안의 아동은 부모나 가족들이 재미 있고 교육적인 여러 종류의 활동에 대한 동기와 기회를 부여해 줌으로써 발달을 크게 신장시킬 수 있다. 그리고 가족 구성원들은 모델로서 특정 행동유형을 자극할 뿐만 아니라 아동이 이미 가지고 있는 행동유형 중 어떤 것을 살리고 어떤 것을 제거할지를 결정하는 잣대를 제시한다. 즉 아동에게 가장 강력한 모델인 부모 및 가족 구성원들이 아동의 선택적 행동에 가장 중요한 영향을 미치는 것이다. 아동이 학습을 하는 것뿐 아니라 학습하지 못하는 것을 결정하는 것도 아동의 부모이다(문용린, 김영철 역, 1973, 151). 이를 통해 아동이 이미 형성한 행위유형(적응적이건 비적응적이건)을 유지시키기도 하고, 잠재 가능성의 실현을 방해하기도 한다.

김구의 가족처럼 강력한 문제의식과 열망을 가진 집안의 분위기는 그와 같은 가족 구성원을 재생산하는 경향이 있으며, 그것은 한 개인의 잠재력으로 성취할 수 있는 것보다 더 큰 성취를 이루게 한다. 즉 가업을 따른다는 것은 가업을 통해 이루고자 하는 가치를 성취하기 위해 노력하는 것을 중시한다는 의미이다. 이는 여러 위인의 가족사에서 쉽게 그 증거들을 찾을 수 있다.

실제로 '가족'은 인간 사회 내에서 그 특성상 전적으로 '개인'의 영역인 동시에, 인간을 인간으로 구성하는 모든 것의 근간이자 최소의 '집단' 영역을 이룬다. 이러한 메커니즘에 따라 인간 사회의 '가족'은 아이러니하게도 단지 개인적인 영역의 문제라는 범주화에 의해, 이를테면 '아무것도 아닌' 동시에, 인간을 구성하는 근간이 되는 점에서 '모든 것'이 될 수도 있는 가능성을 지닌다(김영선, 2001).

그런데 이 가족은 생물적으로 혈연관계인 가족, 즉 아무것도 아니면서 오히려 가족이라는 굴레로 인해 개인의 자유의지를 속박하는 인적 환경이 되는가 하면, 김구의 부모와 아내처럼 잠재력 계발을 자극하며, 격려하는 가족이 될 수 있다. 그리고 이 가족은 가장 가까운 위치에 존재하며 생애 처음부터 성인기까지 많은 영향을 서로 주고받는다.

김구는 작은아버지 김준영을 가족의 일원으로 대우하며 제사와 장례 등의 집안일을 의논하였지만, 그로 인해 김구에게는 크고 작은 위기가 발생했다. 물론 김준영은 나름대로 삼촌의 역할을 하려고 노력했다. 그러나 일방적인 애정과 사랑이 모든 것을 보장해 주는 것은 아니다. 후세대를 위해 기성세대가 해야 할 중요한 일은 애정 그 자체보다는 후세대가 그 자신을 실현하도록 돕는 일이 더 중요하다. 그런 점에서 김준영은 후세대의 가능성에 무지하고 완고한 기성세대였으며, 이를 통해 우리는 후세대의 잠재력 발견과 계발에 좋지 않은 영향을 어떻게 주는지 살펴볼 수 있었다.

결론적으로 가정교육은 '하지 말아야 할' 최소의 규칙과 '열망'을 품어야 할 가치에 초점을 두어야 할 것이다. 또한 성인이 되어서도 가족은 가치가 동일할수록 서로에게 더 큰 교육적 기능을 할 가능성이 커진다.

둘째, 스승의 중요한 역할은 잠재력과 사회 간의 연결고리를 찾아 주는 것이다.

학교와 학원에서 특정의 지식을 효율적으로 가르쳐 주는 역할을 하는 교사와 한 개인의 가능성을 눈여겨보며 유의미하고 진실한 가치를 실현시키기 위해 전인격적인 기대와 사랑으로 가르침을 주는 스승은 구분되어야 할 것이다. 전자는 기술과 지식을 가르쳐 주는 스승이라면 후자는 삶의 스승으로 불러도 좋을 것이다. 함께 한 시간보다는 상호작용의 질이 중요한데, 이 상호작용의 질은 전적으로 스승이 가진 인격과 성찰의 깊이에 의해 결정되는 것이다. 또 하나의 스승은 자신의 영역과 분야에서 스승의 역할을 하는 사람으로, 그들은 직접적으로 그가 활동하고 있는 문화 혹은 상징영역에서 유능성과 윤리성을 높여 주는 스승이다.

대부분의 스승은 정성을 다해 학생을 가르치려 한다. 그러나 학생은 스승이 가르치는 모든 것을 배우지는 않는다. 중요한 것은, 스승은 학생이 품고 있는 '열망'과 타고난 잠재력을 실현할 수 있는 '방향' 혹은 사회와의 연결고리를 찾는 방법을 알려 주어야 한다는 것이다.

교육자들은 학생들의 잠재력과 소질, 적성을 살펴보고 그 학생에게 맞는 영역과 분야를 제시하고 싶어 한다. 우리는 이를 '적성과 진로 상담'이라 불러 왔다. 학생이 잘 성장하고, 자기를 실현시킬 수 있는 분야와 영역을 찾아 주는 것이 교사가 행하는 중요한 일이다. 그리고 이에 더하여 학생 개인이 할 수 있는 자기계발 노력과 방법을 실험하고 모색하도록 돕는 것이 교육현장에서 해야 할 또 하나의 과제일 것이다.

학교와 교사는 학생이 가진 다양한 잠재력의 가치를 인정해 주고 격려해줄 뿐만 아니라, 학생 개인이 할 수 있는 자기계발 노력과 자기계발 방법을 실험하고 모색하도록 격려해야 할 것이다(류숙희, 2004). 잠재력이 인간 사회 속에서 개인의 취미를 뛰어넘는 하나의 '성취물'이 되려면 '문화' 혹은 '그 분야의 사람들'이라는 거름 장치를 통하지 않고서는 어렵다. 문화속에 그 개인의 성취가 연결고리를 찾아 기존문화를 바꾸며 하나의 고리로서 연결될 때 그것은 사회속의 사람들에게 공유되는 '문화적 상징'이 된다. 그리고 이 거름 장치가 다양하고 섬세할수록 더 많은 다양한 잠재력이 '성취'라는 결실을 맺을 수 있다. 그러므로 교육적인 인적 환경이 좀 더 섬세하고 자유로워져서 학생의 다양한 잠재력이 성취로 나아갈 수 있는 통로 역할을 해야 할 것이다.

그러므로 개인의 잠재력이 사회에 더 유의미한 형태로 실현될 수 있는 방향과 방법을 가르쳐 주는 스승을 더 많이 가진 사회는 학생들의 다양한 잠재력이 개발되어 사회문화의 꽃을 만발하게 피워 낼 수 있을 것이다.

셋째, 벗은 잠재력의 성취수준에 영향을 준다.

벗과 동지들은 한 개인의 어느 발달 시기에 존재하는 인적 환경이냐에 따라 다른 기능을 한다. 어릴 적 벗은 어린이 수준으로 문화를 해석해 주며, 성장해서의 벗은 숙련도와 전문성에 영향을 미치게 된다.

어릴 적 김구의 대적자들은 동네의 양반 아이들이었다. 김구에게 이들은 자신이 갖고 있지 못한 권위를 가진 양반이었기 때문에 부러움의 대상이자 자기의 신분과 가정의 신분을 부각시켜 주는 인적 환경으로서, 가치에 대한 예민함을 길러 준 문화적 해석자였다. 어린이들에게는 설령 싸움을 하는 또래 관계가 형성될지라도 의미 있는 교육적 영향을 줄 수 있다.

한 개인이 자신의 행동방식을 결정하지 못하고 연습하는 단계에 있을 때는 연습과 시행착오의 아픔을 함께하는 친구로서, 일정 정도의 숙련도와 전문성을 갖추고 일을 도모해 갈 때는 나름의 위치에서 제 역할을 하는 전문가이자 조력자로서, 한 분야에서 대가 수준의 성취를 이루었을 때는 후배이자 제자, 또 다른 무한한 잠재력을 가진 후세대로서 존재하는 것이다. 그러므로 한 개인이 어떤 친구와 동지, 후배와 제자를 두었느냐는 삶 전체를 설명해 준다고 해도 과장이 아니다. 한 사람의 잠재력은 동지와 함께 완성되어 가기 때문이다.

성인이 되어서의 벗과 동지들은 잠재력 계발에 매우 중요한 인적 환경이다. 이들은 자주 만나고 친하거나 강한 사회적 고리가 아니라 우연히 혹은 일회적으로 단지 얼굴만을 아는 관계인 약한 고리에 의해 형성되는 경우가 많지만, 가치지향과 동일성이 있다면 독특한 운집요소에 의해 형성되는 경향이 있다. 그리고 특히 동지들은 한 사람의 잠재능력이 보다 정교화된 능력으로 발전되는 시기에 실현 방향, 속도, 방법에 가장 큰 영향을 미친다.

벗은 잠재력을 실제로 사회적 행동으로 나타나는 데에 영향을 미친다. 벗이 없다면 우리들의 행동 및 산출하는 힘은 매우 약해질 것이다.

넷째, 잠재력교사는 교육체계의 틈을 메워 주는 교육자원이 된다.

아동의 사회화 담당자는 가정만이 아니다. 사회화 과정은 기본적으로 가정에서 시작되지만, 거기에 머무는 것이 아니다. 아동은 주변의 여러 사람들, 집단들, 그리고 제도들을 접하고 그것은 아동에게 기대와 보상, 벌을 경험하고, 그 결과로 아동의 기능, 가치,

행동양식이 발달하게 된다(문용린, 김영철 역, 1973: 32).

예를 들면 가족의 확대된 모습인 '문중'은 김구의 삶에 의미 있는 영향을 주었다. 우리나라 교육에 있어 유교 전통을 가진 문화권에서 볼 수 있는 '문중'의 교육적 역할은 여타의 다른 서구 사회의 확대가족이 행하는 교육적 역할과는 다른 것 같다. 제도교육의 혜택을 입은 사람으로 보기 어려운 김구의 경우 문중 교육은 김구의 잠재력 인식과 동기화에 있어 특히 많은 함의를 가지고 있는 듯하다.

핵가족화가 진전되면서 부모의 가르침과 가치, 열정을 배가시켜 주거나 사회적 연결고리를 찾도록 조정해 주는 장치인 문중과 같은 인적 환경이 부족하다는 것은 부모로 구성된 가정과 학교를 벗어난 공간이 의미 있는 사회적 관계로 채워지지 않는다는 것을 의미한다. 그 시간과 공간을 전자매체, 컴퓨터, 텔레비전이 채워 간다면 이는 매우 심각한 일이 될 수 있다. 그 시간과 공간을 좋은 가치를 지향하는 가족을 포함하는 외체계, 즉 자녀를 사랑하고 긍정적인 가치를 지향하는 부모와 가족이 관련된 종교집단, 사회적 모임 등이 있다면 이는 어린이들에게 매우 의미 있는 인적 환경으로 작용할 것이다. 사실 하나의 민족 혹은 사회집단의 생산성 유지 및 개혁 발전을 가능케 하는 숨은 힘은 이 잠재력교사에게 있다. 가장 긍정적인 사회화 기능을 하는 집단이 바로 잠재력교사인 것이다.

교육은 교사와 학생의 문화가 '동일함(cultural synchronization)'에 의존하여 성공할 수 있다(Goodwin, J. S, 2003: 24). 이때에 자문 혹은 충고집단이 학생과 교사를 위한 하나의 공간을 형성함으로써 동시대성이 더 잘 일어나게 하며, 더 의미 있는 인간관계를 갖게 한다.

잠재력교사는 돌보는 사람, 자문의 역할을 하는 사람, 후세대 양성과 사회 및 국가의 미래 모습에 관심이 있는 사람들이다. 특히 청소년기에는 이런 후세대 양성에 관여하고자 하는 사람이 성공적인 미래에 대한 기대와 목표를 가지고 있고, 그것에 의미를 부여한다. 그리고 이러한 잠재력교사는 문화의 발전은 물론 개인의 발달을 진행시키고, 교육 시스템이 잘 기능하지 않는다 해도 교육 및 양성 시스템으로 작용한다. 이와 같은 잠재력교사가 활성화된다면 민족, 국가의 위기는 극복될 것이고 흥하게 될 것이다.

김구의 생애에서 볼 때, 잠재력교사는 안태훈, 유완무, 이동녕 등이다. 이동녕은 직업 분야의 선배로서 김구와 상호관계를 맺으며 김구의 잠재력 세련화에 기여한 사람으로, 멘토의 역할을 하는 사람으로 보인다. 그런데 안태훈과 유완무 등은 김구와 동일한 경력을 가진 사람으로 보기 어려운 사람들이다. 이들은 젊은 세대와 청년들의 잠재력을 발견하여 그것을 격려하고 자극한 지역공동체의 교육적 인사들로 규정할 수 있을 것이다. 이들은 김구에게 집을 주고, 글을 가르쳐 주고, 신분을 높이도록 도와주는 등의 실질적인 도움을 넘어서서 잠재력이 충분히 개화되지 않은 김구에게 희망과 꿈을 걸고 격려해 준 인사들이다. 김구의 지도자이자 스승, 선배이자 충고자이며 동지였던 이동녕과 임시정부의 여러 일을 의논하였던 이시영도 김구를 교육한 잠재력교사의 역할을 한 것으로 볼 수 있다.

그렇다면 우리의 교육체제에 이와 같은 역할을 하는 잠재력을 길러 주는 교육집단은 어디에 있는가? 학교는 이러한 역할을 할 수 있는가? 유완무가 김구에게 말하였듯 "뱀의 꼬리를 붙잡고 올라가면 용의 머리를 만난다."는 신념을 가지고 학생들이 지닌 잠재력을 애정 어린 눈으로 기대하는 교육 분야의 집단의 형성을 이룰 수 있는 교육적 풍토는 그래서 중요하다. 모든 위인의 시작은 한 명의 평범한 어린이로부터 출발한다. 이처럼 평범한 학생이 잠재력을 실현한 위인으로 성장하도록 양분이 되어 주고 햇빛이 되어 줄 수 있는 '잠재력교사집단'의 형성이 필요한 것이다.

후세대의 성장에 관심과 애정을 가진 비공식적인 인적 집단 혹은 교육문화가 풍부하고 다양하게 형성될 때 가능할 것이다. 잠재력교사가 많은 사회가 될 때, 개인이 가진 잠재력은 만개할 것이며, 그것을 교육적 사회라고 부를 수 있을 것이다.

다섯째, 반대자와 청중은 개인의 잠재력의 특성과 가치를 선명하게 만든다.

보통 교육적이라고 하면, 개인의 가치 및 지향에 반대되는 집단이 필요 없거나 존재하지 않을 수 있다고 생각할 수 있다. 그러나 일찍부터 자신이 실현하고 있는 요소와 반대되는 것의 특성을 명확히 할수록 잠재력의 실현방향을 빠르게 찾을 수 있다.

반대자들은 우리 민족에게 반대자인 사람이나 집단도 있지만, 개인 김구의 반대자인 경우도 있었다. 그리고 이들 반대자들은 주로 인간관계 혹은 정치 영역에 속하는 사람들인 경우가 많았다. 그것은 김구의 잠재력의 발현 영역이 인간관계와 정치 영역이었기 때문일 것이다.

김구가 일제에 반대하여 정부의 안전과 독립운동의 진행에 깊이 관여해야 했고, 동시에 임시정부의 정치적 방향을 분명히 하는 데에도 노력해야 했던 임시정부 시절에 일제 말고도 이동휘, 김립, 박은식 등과 공산주의자는 반대자였다. 이들은 김구와는 다른 사상적 견지에서, 김구가 중시하는 가치의 색깔과 특성을 더욱 분명히 드러내도록 하였다. 이 외에 박은식, 이승만, 김일성(김성주) 등과 같은 인물 역시 독립운동의 측면에서는 동지였지만, 그 행동방향과 방침에 대해서는 서로 대조적인 측면을 가진다. 이들과 다른 입장을 분명히 한 김구는 이념을 초월한 민족통일의 상징으로 자리매김할 수 있었고, 민족 중심의 참지도자의 모습으로 상징화되었다.

다른 지적 영역 및 잠재력에 관련된 사람들은 '반대요소'라는 용어가 더 적절할 수 있다. 예를 들면, 우리나라에 서양의학 교육을 들여온 세브란스의 창립자 올리버 에비슨이나 청십자 의료보험조합으로 유명한 의사 장기려에게는 '인류를 괴롭히는 질병과 무지'가 반대요소였을 것이고(류숙희, 2007), 현대무용의 창시자 마사 그라함에게는 자연스럽고 자유로운 몸짓에 반하는 과도히 형식적인 몸짓과 문화가 반대요소였을 것이다. 그리고 이 반대자는 청중과 비슷한 시기에 형성되는 경향이 있다.

반대자와 청중이 많을수록, 그리고 극명한 성격을 보일수록 개인의 잠재력은 개인수준을 뛰어넘어 문화속의 한 '상징물' 혹은 '언어'로서 자리잡게 된다.

여섯째, 아동은 인적 환경을 선택하는 방식과 그들과의 교류방식에 대해 알고 있을 때에, 성공적으로 잠재력을 계발할 수 있다.

잠재력의 발달에 있어 자기의 발견과 성장을 위해 인적 환경을 활용하려는 김구 자신의 상호작용 방식은 매우 중요하다. 이와 같은 상호작용 방식에 대해 생각해 보고 길러 줄 교육프로그램은 학생들의 잠재력 계발에 도움을 줄 것이다.

우선, 김구는 목적에서 벗어나 관계 자체나 상대방의 인격, 특성, 가외변인(재산, 생계유지 등) 때문에 자기가 가고자 하는 방향이나 중심을 벗어난 적이 없다. 예를 들면, 안 진사와의 관계에 있어 천주교를 받아들이겠다고 한 시점이 단발령과 맞물려 있는 것에 대해 매우 비판하였다. 20세의 약관의 나이로 겉으로 보기에는 고능선의 뜻을 그대로 따른 듯 보이나, 매우 독립적이고 주체적으로 판단하는 경향이 있었다. 유완무 등과의 상호작용 또한 마찬가지이다. 만약 김구가 자신이 원하던 양반 지위의 획득 자체를 목적으로 하였다면, 아버지 사망 이후 그들의 제안을 받아들일 수 있었을 것이다. 또한 김구는 승려가 되기도 하였는데, 다른 승려들이 부러워하는 부유한 노승의 상좌가 되어 재산을 물려받을 수도 있었을 것이다.

그러나 김구는 인생의 목표와 자기 자신의 마음의 중심에서 멀어지는 경우가 거의 없었다. 부유한 만주국 관리 서옥생의 자식이 일을 함께 도모하자고 하였음에도 김구는 김형진을 만나기 위한 걸음을 늦추지 않았다. 그리고 공산주의를 함께하자는 제의를 받아들이지 않은 이유는 '우리가 주인이 되어 행하지 않기 때문'이었다. 김구의 '내가 해야 한다'는 생각은 아버지와 스승의 가르침의 본질을 잘 내면화하여 굽히지 않는 특징을 가졌다. 양반이 되려는 유혹, 돈을 벌 수 있는 유혹, 명예를 얻을 수 있는 유혹, 여인과

가까이할 수 있는 유혹, 벼슬을 얻을 수 있는 유혹 등 모든 유혹
을 뿌리치고 하나로 집중하게 한 원동력은 그가 가졌던 인적 환경
의 영향이었을 가능성이 크다. 더 나아가 강씨 이씨 등의 양반을
벗어나 유완무, 성태영 등을 만나 양반에 대한 새로운 안목을 가
지려 한 '우물 안 벗어나기' 노력 또한 김구의 상호작용 특성이다.

김구는 또한 주변 사람의 특성을 가려 그에 맞게 관계를 형성하
는 특성을 가지고 있었다. 상대방이 함께 가까이하며 배우고 익힐
사람인지, 의지하고 부탁할 사람인지, 그렇지 않은 사람인지, 이용
할 사람인지, 부릴 사람인지, 적절히 위협할 사람인지, 큰일을 맡
길 사람인지 등을 오랜 기간(예를 들면, 이봉창의 경우 1년간이나)
판단하고 그에 맞게 행동한 것이다. 따라서 김구는 영향을 받기보
다는 통제하는 유형으로 자신의 성장을 위해 인적 환경을 스스로
구성한 측면이 있다. 우리 인간은 환경의 영향을 수동적으로 받는
듯하지만, 사실은 환경을 선택할 기회를 갖는 경우가 더 많으며,
그 경우 잠재력을 실현하고자 하는 열의가 크면 클수록 자신에게
적절한 환경을 선택하는 경향이 있다.

이는 김구의 자기성찰지능과 관련이 있다. 김구의 경우 다른 어
떤 것보다 자기성찰지능을 계발할 동기와 기회를 얻은 덕분에 여
러 어려움을 극복할 수 있었고, 선택의 기로에서 자신에게 충실할
수 있었다. 자기의 삶 속에서 스스로가 확고하게 주도성을 갖도록
만드는 심리적 특성이 바로 자기성찰지능이며, 자기성찰지능의 이
와 같은 중요한 역할에 대해서는 이미 여러 학자가 인정한 바 있다
(문용린, 홍성훈 외, 2005; 김명희, 김양분 외, 1998; 류숙희, 2004).

풍부한 과학 분야의 성취와 더불어 훌륭한 예술적 힘이 건강한

사회를 만든다. 그리고 이와 같은 사회는 다양한 사회 구성원이 자신의 독특한 잠재력을 최대로 발현시킬 수 있을 때에 가능할 것이다. 사람들이 저마다 다른 것을 인정하고 이러한 개인차를 고려하는 교육이 곧 사회에서 필요로 하는 바람직한 교육이다(유효순, 이종승, 김기석 외, 1980).

중요한 것은, 아무리 훌륭한 잠재력을 타고났다 하더라도 자신의 잠재력의 가치를 인식하지 못하거나, 혹은 인식하였다 해도 환경에서 오는 어려움 때문에 쉽게 좌절한다면 타고난 잠재력은 성장하기 어렵다는 것이다. 따라서 학생 스스로 자기 내면과 잠재력을 발견하고 인식할 뿐 아니라, 어려움에 처해도 용기를 잃지 않고 계속 노력하는 것이 중요하다. 김구처럼 삶의 혼돈 시기는 누구에게나 있을 수 있다. 그리고 이때 자기의 삶을 이끌어 가려는 노력과 의지는 중요한 역할을 한다. 재능을 갖도록 하기에 앞서 이미 가지고 있는 재능을 키워 줄 수 있는 노력을 격려하는 것이 또한 교육이라는 측면에서 중요하다(류숙희, 2004).

김구의 특성은 깊이 있는 사고와 인내력으로 정리할 수 있다. 김구는 깊고 면밀하게 생각하는 습관이 있었다. 김구의 삶에 있어 자신이 행한 행동과 선택에는 비교적 후회가 많지 않았다. 김구는 깊이 생각하였고, 판단하고 나면 매우 끈기 있게 지속적으로 실행하였다. 사실 깊이 생각할 줄 모른다면 끈기 또한 있을 수 없었을 것이다. 그것은 자신이 내린 판단이 옳은가에 대한 의심이 들기 때문이다. 그러므로 최적의 인적 환경을 자기가 필요한 시점에 오도록 하는 '시점의 일치(timing) 효과'를 극복할 수 있는 '인내력'은 김구 자신의 계발 과정에서 매우 중요한 특성이다. 이미 브론

펜브레너가 제안했듯이, 시체계(chronosystem)는 시간과 역사의 영
향을 의미하며(Goodwin, J. S, 2003: 16-17), 이는 개인의 생애 차
원에서 적절한 타이밍이 될 수 있기도 하고 없기도 한다. 이때 적
절한 타이밍을 기다리는 그 사람의 특성을 신념 혹은 인내력으로
볼 수 있을 것이다. 체제는 외적인 것이다. 그러나 그 체제를 견디
고 자신이 원했던 방식으로 만들어 가느냐 혹은 체제에 순응하여
자신의 소망을 버리느냐는 개인에게 달려 있다.

김구의 생애를 통해 보았듯이 대인관계선택에서의 진지함, 면밀
하게 생각하는 습관, 시기가 올 때까지 기다릴 줄 아는 인내력을
갖는 것이 무엇보다 중요하다. 그리고 이 중요함이 학생들에게 안
내될 필요가 있다.

**일곱째, 아동은 인적 환경을 통해 발달 시기별로 다른 교훈을
얻게 된다.**

초기의 인적 환경일수록 어린이에게 긍정적 가치와 열망을 심어
줄 수 있어야 한다. 그러나 이들은 어린이의 더 큰 외체계 및 거
시체계의 상황에 문제의식을 가질 수 있어야 한다. 그것은 논리나
이론의 형태라기보다는 다분히 이들의 가치부여 행동 및 열의와
같은 정서적인 측면과 관련될 가능성이 크다.

따라서 어린 아동에게 학교와 가정이 상호 어떤 관련성을 갖느
냐는 발달에 매우 중요하다(이두연, 2001). 즉 양과 질이 풍부한
학교-가정 관계는 발달을 촉진한다. 학교-가정 관계는 잠재력
발달을 위한 아동의 역할, 활동, 이인체제 등의 상호 신뢰, 긍정적
지향, 환경 간의 목표 합의 등의 성장을 촉진시키고 힘의 균형적

인 발달을 위한 유리한 행위에 대한 반응을 촉진시킬 때 증진된다. 그리고 발달적 잠재력을 지닌 학교-가정 관계의 형성을 위해서는 아동 자신의 주도성과 부모와 교사의 역할이 매우 중요하다 (Garbarino, 1982; 이두연, 2001).

청소년기에는 그들의 연령과 계층에 상관없이 자신의 잠재력을 발견해 주고, 그에 직접적인 교훈을 주고, 가능성을 믿어 주는 교육 의지를 가진 스승 및 잠재력교사의 역할을 해 줄 사람을 만나야 한다. 이 시기에는 자기계발에 영향을 줄 만한 바람직한 스승 및 잠재력교사를 가까이에서 만날 수 있는 경험을 가지는 것이 가장 중요하다. 학교 시스템이 제대로 갖추어진 사회일수록 다양한 잠재력을 가진 청소년들이 학교에서 이런 기회를 경험할 가능성이 조금 더 많다. 그러나 김구처럼 시대가 혼란한 상황에서는 이 부분이 운 혹은 개인의 노력에 의해 찾아질 가능성이 많다. 이런 경우 개인이 가지고 있는 자기성찰지능이나 인내력, 혹은 의지와 그 이전에 형성된 소망과 가치화 과정이 얼마나 수고로웠으며 혹은 강한 열망에 의해 이루어졌느냐에 따라 달라질 것이다.

행동방향 및 방식을 결정하는 시기인 청소년기는 삶의 양태를 결정해 주는 자극 집단이 영향을 미친다. 특히 이 시기에 적절한 역할 모델을 가지는 것이 중요하다. 김구의 삶에서 우리는 사회학에서 말하는 인간관계의 일회적이거나 혹은 우연적으로 그저 아는 사이의 관계인 '약한 고리'에 의해 '잠재력교사'가 형성되고 상호작용하는 것을 관찰할 수 있었다. 배움에 목말라 있던 김구는 우연히 아는 사람들을 통해 두 가지 중요한 배움의 기회를 갖게 되었던 것이다. 그 하나는 스승 고능선을 만나 구전심수(口傳心受)한 것이고, 또 하나는 치하포 사건으로 투옥되었다가 탈옥 후 조우한 재야선비들과의 공부(계획)였다(류숙희, 2008, 백범회보). 그리고 이들과의 관계를 통해 김구의 삶의 방식은 새로운 국면을 맞게 되었다. 즉 이와 같은 잠재력교사로부터 얻는 교훈과 스승집단의 아낌없는 지원과 충고가 김구의 잠재력 계발 과정에 큰 영향을 준 것이다.

아동과 양육자 사이에 점차 더 복잡해져 가는 상호작용과 정서적 애착이 형성되고 유지되는 것은 상당 부분 제3의 성인이 얼마나 활동에 참여할 수 있느냐에 달려 있다(Bronfenbrenner, 1994; 이두연, 2001). 그러므로 이 시기에 자신의 잠재력과 관련하여 부모의 가치 선택에 대한 의구심에 확신을 줄 수 있는 스승집단과 잠재력교사가 있다면 그 효과는 배가될 것이다.

이 시기 김구는 스치다 사건으로 사회적 입문식을 상당히 성공적으로 치렀다고 볼 수 있다. 왜냐하면 이후 자신에게 도움이 될 잠재력교사의 가능성을 가진 '의미 있는 청중'을 만날 수 있었기 때문이다. 이 사건으로 김구는 '구국인물'로 기억되었고, 이는 사회에서 중요한 역할을 하는 기회를 만들었다.

성인기에는 선·후배, 스승, 심지어는 반대자와 청중과도 긴밀한 관계를 통해 자신의 행동방식을 세련시켜야 한다. 성숙한 한 사람으로서 자신이 일하고 있는 분야와 시대에서 자신의 능력을 실현하고 검증받는 기회는 벗과 동지와 반대자, 그리고 청중에 의해 온다. 이들과의 투쟁과 논쟁을 통해 잠재력은 더욱 예리하게 정련되며, 그것은 사회적으로 의미 있는 상징물, 예를 들면 작품, 이념, 사상, 주의, 운동 등을 남길 가능성이 크다.

노인기 혹은 잠재력의 실현기에는 후세대 및 더 먼 미래를 생각하고 끊임없이 이야기를 나눌 사람들과 상호 작용해야 한다. 이는 잠재력 실현의 영속성을 가지기 위해서는 필수적이다. 그리고 더 적극적으로 다른 사람을 위한 의미 있는 인적 환경이 되어 줄 동기를 불러일으킨다.

이 시기는 자신이 하고 있는 일의 경륜이 쌓여, 특히 일생을 하나의 목적을 위해 고심해 온 김구와 같은 사람에게는 잠재력의 발달이 가장 크게 이루어지는 시기이다. 김구는 선배-후배로 연결되는 벗과 동지집단 속에서 함께 움직이면서, 그들의 행동강령을 따르기도 하고, 만들어 가기도 하였다.

2. 생태학적 환경론에의 함의

사회환경 속에서의 상호작용은 매우 복잡하다. 그리고 이는 한 사람의 잠재력의 성장과 성숙을 가져온다. 자연은 주어진 길을 통해 발달하지만, 사회는 아동의 계속적인 발달을 돕기도 하고 방해하기도 한다. 따라서 이 연구는 인간의 성장을 발달시키는 사회적 혹은 인적 환경을 세분화하여 특성을 규명하고자 하였다.

인간을 인간으로 혹은 잠재력을 실현한 한 사람으로 성장시키는 데에는 자기의 노력과 의미 있는 인적 환경이 존재해야 한다. 김구의 경우처럼 가족, 잠재력교사, 스승, 반대자, 벗과 동지, 청중이 우리 모두에게 필요하다. 그런데 우리 모두에게 서로 다른 잠재력이 있는 것처럼, 우리 모두에게 잠재적 인적 환경이 또한 존재한다. 우리 모두가 사회 속에서 태어나고, 성장하고, 살아가기 때문이다.

그러나 잠재력이 있다고 해서 누구나 잠재력을 실현하는 것이 아닌 것처럼, 잠재적인 인적 환경이 존재한다고 해서 그것이 잠재력을 계발해 줄 인적 환경으로 기능하지는 않는다.

브론펜브레너의 주장대로 우리는 모두 가족과 같이 직접적인 관계를 맺는 미시체계, 이 체계를 둘러싼 외체계, 다시 외체계를 둘러싼 거시체계 속에 존재한다. 그런데 중요한 것은 내체계 속에 과연 '이념', '철학', '가치관' 등을 생성시키는 집단, 그에 관심을 가진 집단이 들어올 수 있느냐이다. 이 중요한 집단들이 그저 외체계에만 존재한다면, 한 개인의 잠재력 계발에 큰 영향을 미치기는 어려울 것이다.

예를 들어 김구와 같은 시대를 살았던 다른 사람은 화전민의 한 사람으로 자신의 가족, 가족을 둘러싼 화전민 부락, 그들을 둘러싼 1900년대 초반이라는 환경 속에서 때로는 외체계나 거시체계의 집단에 의해 불화를 겪거나 혹은 우연한 운으로 영향을 받으며 삶을 살아갈 수 있을 것이다. 그에게는 농민운동과 외세라는 것은 큰 의미를 주지 않았을 것이다.

따라서 한 사람의 잠재력 계발 과정에는 내체계가 외체계 혹은 거시체계와 활발히 상호 작용하며 이 세 체계를 포함하거나 걸쳐져 있는 인적 환경 집단들을 형성한다고 볼 수 있다. 즉 한 사람의 잠재력 발달과정과 동시에 그것을 돕는 혹은 관련된 인적 환경이 생성되며, 이 인적 환경으로 인해 내체계에 국한되지 않고 외체계로, 거시체계로 확장되어 간다고 볼 수 있는 것이다.

즉, 브론펜브레너의 모형은 다음 그림처럼 인적 환경 유형별 특성을 고려한 아래의 그림으로 표현되어야 할 것이다.

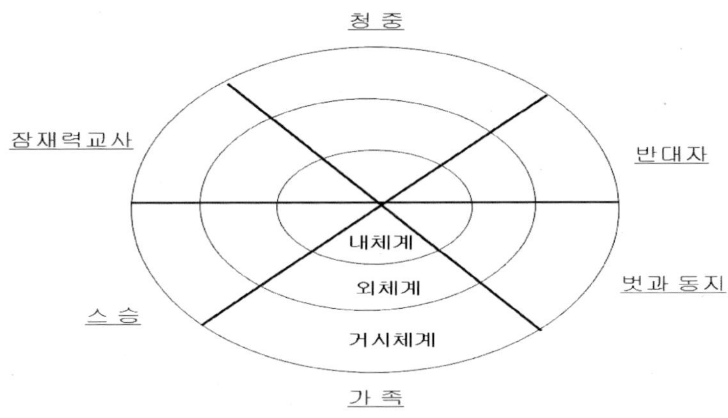

〈그림 2〉 발달특성을 고려한 여섯 가지 생태학적 환경

김구의 경우, 어렸을 때 그와 직접 상호 작용한 사람들 대부분은 가족과 가문으로 구성된 내체계의 특성을 가진 것에 반해, 상해 임시정부 주석 이후의 시기에는 상호 작용한 사람들 내체계임과 동시에 외체계, 그리고 거시체계를 구성하고 형성하는 사람이었다. 김구의 스승은 이미 청년기부터 사회의 외체계와도 깊은 관련을 맺고 있는 사람들이었다. 따라서 성인기에 김구의 인적 환경은 내외체계의 구분이 없어 보일 정도로 혼재되어 보인다. 즉, 내체계·외체계·거시체계를 관통하는 하나의 인적 환경을 가지게 되며, 그것을 의지 삼아, 혹은 그것을 이끌어 가며 잠재력을 성장시켜 가게 되었다.

따라서 기존에 환경 혹은 인적 환경과 관련하여 교육학에서 논의하던 가족, 학교, 사회의 분류나 브론펜브레너의 모형은 발달적 측면을 고려한 모형으로 수정이 될 때 성장을 돕는 인적 환경을 더 잘 설명할 수 있을 것이다. 즉 한 사람의 성장과 더불어 인적 환경 역시 성장이 되어 간다는 개념이 포함되어야 하며, 한 사람의 성장과 더불어 내체계와 외체계의 구분이 미약해진다는 것이다.

이 과정은 좀 더 역동적으로 설명할 수 있다. 김구의 경우에는 김주경, 유완무, 이봉창, 윤봉길과 같은 인물이 이 부분을 더욱 잘 설명한다. 김주경, 유완무 등은 자신의 가치지향에 따라 각각의 운집요인에 기초하여 산재하였는데, 각각의 연계망은 특유의 공통 관심사와 유사성을 공유한 사람들로 이루어져 있었다. 그리고 각 개인이 관여하고 있는 여러 연계망들은 각각 서로 다른 운집요인으로 이루어져 있었지만, 이 여러 운집요인들이 서로 상통할 경우에는 보다 우위의 운집요인을 중심으로 하나의 거대 연계망으로 묶여 거시체계와 연결이 된다.

각 체계는 아동 발달에 서로 다른 방식으로 영향을 주게 되는데, 긍정적일 수도 있고 부정적일 수도 있다. 가정이라는 미시체계가 아동의 발달을 위해서 가장 중요한 환경 체계로 간주되어 왔지만, 각 체계는 상호의존적인 관계로서, 사회의 예방, 개입, 사회정책, 처치 등이 중요하다(Garbarino, 1977; 이두연, 2001).

그러나 다시 한 번 강조해야 할 것은, 브론펜브레너의 관점에서도 미시체계·외체계·거시체계 수준 내의 혹은 수준 간의 관계를 정태적이 아니라 역동적으로 다루고 있듯이(Nelson, 2000: 128), 인간의 행동과 발달에 중요한 것은 지각되는 '환경'이지 존재하는 그대로의 '객관적 실제(objective reality)'가 아니다. 즉 어떤 사람이 어떤 인적 환경으로부터 무엇을 지각하느냐에 따라 동일한 인적 환경에 대해서도 다른 체계에 있는 것으로 인식될 수 있을 것이다.

결론적으로 잠재력의 발견과 계발을 이끄는 교육환경은 가치와 열망을 안내해 주는 '가족', 진지하고 성실하게 학생의 됨됨이와 바탕을 보아 가르침을 베푸는 '스승', 그의 성장에 관심을 가진 '잠재력교사', 동일한 일의 영역에서 뜻과 방향을 같이하며 함께 일하는 '벗과 동지', 동일한 일의 영역이지만 뜻과 방향이 달라 서로의 일에 적이 되어 잠재력 실현의 가치를 분명히 드러내 주는 '반대자', 그리고 자신의 일을 평가해 주고 지원해 줄 수 있는 '청중'이 있어야 한다. 따라서 지금의 부모교육은 좀 더 가치화 교육 쪽에 초점을 두어야 할 것이며, 학교 또는 학교 밖에서 특정 가치와 능력을 가진 후세대에 관심을 가진 다양한 잠재력교사가 있어야 할 것이다. 또한 청소년기부터 자신의 잠재력을 활용하여 사회에 기여할 수 있는 상징물을 만들 수 있는 다양한 경연과 기회가 주어져야 할 것이다. 이와 같은 경연과 대회를 통해 반대자, 청중, 벗과 동지를 더불어 만날 수 있을 것이다. 그리고 이는 자신이 가진 고유의 잠재력과 대면할 기회를 줄 것이다.

또한 한 사람의 잠재력이 발견되고 계발되는 정도와 양상은 이와 같이 한 생애를 통해 갖게 되는 인적 환경 집단의 유무 및 특성과 질, 이들 집단과 맺는 상호관계에 의해 설명된다. 그러므로 우리는 후세대를 위해 더 교육적인 환경을 만들어 주기 위해 노력해야 하며 각자의 다양한 잠재능력과 개인차의 가치를 인정해 주고 자극해 줄 수 있는 인적 집단과의 경험을 갖도록 해야 할 것이다.

참고문헌

고은(2008), 「죽음으로 사는 법」, 『백범회보』, 2009년 봄.

권오영(2007), 「백범의 스승 고석로」, 『백범회보』, 2007년 가을 16호.

김구(1942), 『백범 김구 자서전: 백범일지(도진순 주해, 2001)』, 서울: 돌베개.

김구(1988), 「한인애국단의 성립과 활동」, 『한국 독립운동사 연구 2』.

김기석(1991), 『문화재생산이론, 교육과학사』.

김두헌(1966), 「인간의 유형」, 『건국학술지』, 7(1): 21 - 70.

김신(2000), 「포자 김홍량 전 - 일대기와 안악사람들」, 도서출판 알파.

김영선(2001), 「1930年代 가족사 소설 '인물'의 가문의식 연구: <삼대>, <대하>, <탑>을 中心으로」, 서강대학교 대학원 석사학위논문.

김진순(1990), 「지능의 유전론과 환경론: Eysenck와 Kamin의 論爭을 중심으로」, 『충남대학교공업교육연구소 논문집』, 13(1), pp.8 - 14.

김희곤(2007), 「<윤봉길판결서>와 <'김구체포'를 위한 한인애국단원 심문조서> 해제」, 『백범과 민족운동연구』, 제5집. 백범학술원.

김희곤(2003), 「백범 김구와 상해 임시정부」, 『백범과 민족운동연구』, 제1집, 백범학술원.

김희백(미상), 「교육학 연구방법론의 대안적 패러다임 모색」.

다음백과(2009). www.daum.net

도진순(1997), 「1895~96 김구의 연중 의병 활동과 치하포 사건」, 한국학술진흥재단 기초학문연구과제.

도진순(1998), 『김구와 백범일지』, 한국지성과의 만남: 315 - 328, 부산:

부산대학교 출판부.

도진순 주해(2001), 『백범 김구 자서전: 백범일지』, 서울: 돌베개.

동서문화사(2007) http://kr.dic.yahoo.com/search/

류숙희(2004), 「백범 김구의 잠재능력 계발 과정연구―다중지능이론의 관점에서―」, 서울대학교 박사학위논문.

류숙희(2007), 「훌륭한 의사를 기르는 인적 환경―사례에서 구조까지―」, 『연세의학교육』, 9권 2호.

류숙희(2008), 「백범 김구와 교육」, 『백범회보』, 18호, 백범 김구 선생 기념사업협회.

류지성(1997) 「사례 연구의 방법론적 고찰―연구 설계와 방법―」, 『단국대학교 논문집』, 제31집 인문과학편, pp.1 – 16.

문용린, 김용철 역(1973), 『두 세계의 어린이들』, 한국교육개발원, Bronfenbrenner(1970), Two worlds of childhood: US and USSR. New York: Russell Sage Foundation.

문용린, 안태진, 이광형(2004), 『그러나 그의 삶은 따뜻했다: 정문술의 다중지능 분석 보고서』, 서울: 산해.

문용린, 홍성훈, 류숙희(2005), 『백범 김구의 지적 계발 과정 탐색: 한 위인의 다중지능 분석 보고서』, 집문당.

매헌 윤봉길 의사 의거 제60주년 기념사업추진위원회 편(1992), 『도록 윤봉길 의사』, 서울: 로얄 프로세스.

민족정기선양센터(2007), http://narasarang.mpva.go.kr/, 국가보훈처.

박경한(2005), 「아동의 심리적 가정환경이 인성발달에 미치는 영향」, 관동대학교 교육대학원 석사학위논문.

박성희(2003), 「평생교육으로서의 연구방법론: 생애사 분석법」, 『한국성인교육학회』, Andragogy Today, 6권 1호.

박아청(1992), 「어머니 – 자녀 간의 상호작용과 그 발달」, 『계명행동과학』, 5(1): 61 – 74.

백범전기편찬위원회(1982), 『백범 김구 – 생애와 사상』, 서울: 교문사.

백정재, 이재연(1997), 「빈곤아동이 지각한 가정의 심리적 환경과 부적응 행동과의 관계」, 『生活科學研究誌』, 12(1), 숙명여자대학교 건강·생활과학연구소.

파란사전(2008), http://dic.paran.com/ KTH Co., Ltd.

손과지(2007), 「상해임시정부 시기 백범 김구와 한인교민사회」, 『백범
　　　과 민족운동 연구』, 제5집. 백범학술원.

신복룡(1997), 「해방 정국에서의 우익의 갈등」, 『사회과학논총 2』.

안태진(2003), 「다중지능 이론의 관점에서 본 전혜린의 삶」, 서울대학교
　　　대학원 석사학위논문.

위키백과(2007), http://ko.wikipedia.org.

이동현(1983), 「김구와 남북협상」, 『정법논총』, 18(1): 79 – 85, 건국대학교.

이두연(2001), 「Bronfenbrenner의 미시 – 거시 환경 변수와 아동의 집단
　　　따돌림과의 관계」, 한국교원대학교 교육대학원 석사학위논문.

이상회(1975), 「가치관의 상징적 구현체로서의 영웅상에 관한 연구 –
　　　초등학교 교과서에 나타난 영웅상의 분석을 중심으로」, 『연세
　　　논총』, 12(1): 317 – 345, 연세대학교.

이시영(2008), 「얽은 낯에 유정(有情)―잊히지 않는 백범 옹의 모습―」,
　　　『백범회보』 21, 겨울호.

이여봉(1998), 「외부 인적 환경과 가정 내 역할 수행에 관한 연구」, 『동
　　　서연구』, 연세대학교 동서문제연구원, 10(2), pp.191 – 210.

이영 역(1992), 『인간발달생태학』, 서울: 교육과학사. Bronfenbrenner, U.
　　　1979. The Ecology of Human Development: Experiments by
　　　nature and design. Massachusetts: Harvard University Press.

이준식(2003), 『[좌 · 우를 넘어] 해방정국의 중도파들 ③우사 김규식』,
　　　"공산주의 · 민족주의 뭉쳐 민족해방 이루자" 역설. http://dugok.x
　　　– y.net/kor – his/per/kimgyusik.htm

인촌기념회(1976), 『인촌김성수전』.

정계숙(1984), 「學校의 人的 環境이 兒童의 性特性 典型에 대한 知識
　　　에 미치는 영향」, 『師大論文集』, 9(1).

정석환(1999), 「이야기심리학의 심리전기적 인간탐구 방법론 연구」,
　　　『신학논단』, 26.

정용욱(2007), 「해방 전후 백범 김구의 활동과 미국」, 『백범과 민족운동
　　　연구』, 제5집, 백범학술원.

정원식(1989a), 『교육환경론』, 서울: 교육출판사.

정원식(1989b), 『현대교육의 심리학』, 서울: 교육출판사.

조동걸(2002a), 『이봉창 의거의 역사성과 현재성』, 이봉창의사 장학회 편. 『이봉창 의사와 한국독립운동』, 단국대학교 출판부.

조동걸(2002b), 「백범사상의 뿌리」, 『백범과 민족운동 연구』, 1집.

천도교 서울교구(2008), http://www.chondos.net/

최기영(2003), 「백범 김구의 애국계몽운동」, 『백범과 민족운동 연구』, 제1집.

최연석(1982), 『청년 루터』, 서울: 인간. Erikson, E. H. 1982. Young Man Luther: A Study in Psychoanalysis and History. New York: Norton.

한국독립운동사정보시스템(2007), http://search.i815.or.kr/Main/Main.jsp. 한국 독립기념관.

한국브리태니커(2008), http://preview.britannica.co.kr/

홍소연, 김만식(2007~2008), 『백범 김구에 대한 토론』.

홍인근(2002), 『이봉창 평전: 항일애국투쟁의 불꽃, 그리고 투혼』, 서울: 나남 출판.

Alan, J. H.(1993), Rethinking fathers' involvement in child care. Journal of Family Issues, 14(4), 531 – 549.

Binet, A.(1905), New Methods for the Diagnosis of the Intellectual Level of Subnormals. Cognition and Emotion, 12: 191 – 244.

Binet, A. & Simon, T.(1973), The Development of Intelligence in Children. The Binet – Simon Scale. New York: Arno Press.

Bloom(1964) Bloom, B. S Stability and change in human characteristics John Wiley & SONS Inc New York 1964.

Bronfenbrenner(1970), Two worlds of childhood: US and USSR. New York: Russell Sage Foundation. 문용린, 김용철 역(1973), 『두 세계의 어린이들』, 한국교육개발원.

Bronfenbrenner, U.(1977a), Toward an experimental ecology of human development. American Psychologist, 32, 513 – 530.

Bronfenbrenner, U.(1977b), Toward an experimental ecology of human development. American Psychologist, 32, 513 - 531.

Bronfenbrenner, U.(1979), The Ecology of Human Development: Experiments by nature and design. Massachusetts: Harvard University Press(이영 역, 1992, 『인간발달생태학』, 서울: 교육과학사).

Bronfenbrenner, U., & Crouter, A. C.(1983), The evolution of environmental models in developmental research. In W. Kessen(Ed.), Handbook of child psychology: Vol.1. History, theory, and methods(pp.357 - 414), New York: Wiley.

Bronfenbrenner, U.(1994), Ecological models of human development. In T. Husen &T. N. Postlethwaite(Eds.), International encyclopedia of education(2nd ed., Vol.3), Oxford: Pergamon.

Campbell, J.(1949), The Hero with a thousand faces. Princeton: Bollingen.

Csikszentmihalyi, M.(1988), Society, culture, and Person: A Systems View of Creativity. In S. R. J.(Ed.) The Nature of Creativity. New York: Cambridge University Press, pp.325 − 339.

Csikszentmihalyi, M.(Ed.)(1990), Flow: The Psychology of Optimal Experience. New York: Harper and Row.

Csikszentmihalyi, M.(1996), Creativity: flow and the psychology of discovery and invention. New York: Harper Collins.

Erikson, E. H.(1958), Young Man Luther: A Study in Psychoanalysis and History(최연석 역, 『청년 루터』, 서울: 인간, 1982).

Erikson, E. H.(1969), Gandhi's Truth on the Origins of Militant Nonviolence.

Freud, S.(1901), The Psychopathology of Everyday Life(Zur Psychopathologie des Alltagslebens, 1901).

Galton, F(1869), Hereditary Genius. London: Macmillan(2nd ed).

Gardner, H.(1991), The unschooled mind: How children think and how schools should teach. New York: Basic Books.

Gardner. H.(1993a), Creating Minds. New York: Basic Books.

Gardner, H.(1993b), Multiple Intelligences: The Theory in Practice(김명희·이경희 역, 『다중지능 이론의 이론과 실제』, 양서원. 1998), New York: Basic Books.

Gardner, H.(1998), Extraordinary Cognitive Achievements(ECA): A Symbol Systems Approach. In Damon W. & Lerner, R. M.(Eds.), Handbook of Child Psychology(5th), 1: Theoretical Models of Human Development. New York: John Wiley & Sons Inc.

Gardner, H., Csikszentmihalyi, M., & Damon, W.(1998), Goodwork: when excellence and ethics meet(문용린 역, 『Goodwork: 훌륭한 직업인이 된다는 것은 무엇을 의미하는가』, 생각의 나무, 2003.), New York: Basic Books.

Goodwin, J. S(2003), Urban students' experiences with advisory: A case study. Columbia University Teachers College. Dissertation on the Degree of Doctor of Education.

Gruber, H. E.(1982), Darwin on Man. 2nd ed. Chicago: University of Chicago Press.

Lincoln Y. S. & Guba, E. G.(1986a), "the Development of intrinsic criteria for authenticity: A model for trust in naturalistic researches." Paper preprared for the symposium titled "Issues of trustworthiness and authenticity in new paradigm research AERA annual meeting." San Francisco, April.

MaAdams "Unity and Purpose in Human Lives: The Emergence of Identity as a Life Story", In A. I. Rabin, R. A. Zucker, R. A. Emmons, & S. Frank(Eds), Studying persons and Lives(New York: Springer, 1990). pp.148 – 200

Mahler, M., Pine, F., Bergman, A(1975), The psychological birth of the human infant: symbiosis and individuation. USA: Baic Books.

Nelson, L.(2000), An Ecological and Descriptive Analysis of A Children's Program in a New York City Shelter for Battered Women, Dissertation of the Degree of Doctor of Education. Teachers College Columbia University.

Piaget, J.(1963), The psychology of intelligence. New York: Routledge.

Plomin, R. &Thompson, L. A.(1987), Life−span developmental behavior genetics. In P. B. Baltes, D. L. Featherman, & R. M. Lerner(Eds.), Life−span development and behavior(Vol.8, pp.1−31), Hillsdale, NJ: Erlbaum.

Schaie. K. W.(1996), Intellectural Development in Adulthood: The seattle longitudinal study. Cambridge University Press.

Simonton, D. K.(1984), Genius, Creativity, and Leadership. Cambridge, Mass: Harvard University Press.

Simonton, D. K.(1989), Scientific Genius. New York: Cambridge University Press.

Simonton, D. K.(1990), Psychology, Science, and History. New Haven, Conn: Yale University Press.

Simonton, D. K.(1999), Creativity from a historiometric perspective. In R. J. Sternberg(Ed.), Handbook of Creativity. New York: Cambridge University Press.

Sologmon, B., Powell, K., & Gardner, H.(Eds.)(1999), Multiple Intelligences 2: Academic Press.

류숙희

▌약력

서울대 교육학과 교육학 박사
백범학술원 연구위원
연세의대 의학교육학과 연구강사
다중지능연구소 연구위원
서울대학교 교육연구소 연구원 역임
한국교육개발원 학생복지연구부 부연구위원 역임
호주 울릉공대학교 방문학자 역임
성신여대, 서울대, 호원대, 경인교대, 세종대, 연세대 강사 역임

▌주요논문 및 저서

「백범 김구의 잠재능력 계발 과정에 관한 연구 -다중지능이론의 관점에서-」
「백범 김구의 지적 계발 과정 탐색: 한 위인의 다중지능 분석 보고서」(공저)」
「다중지능이론의 교육적 의미와 학교에서의 활용방안 연구」
「다중지능 측정도구 개발을 위한 연구 -중고생을 위한 다중지능 검사 개발-」
「A Review of Multiple Intelligences Education Programs of Interpersonal Intelligence」
「전 생애 지능 발달의 관점에서 본 유아기 지능교육」
「수행평가방식을 활용한 유아용 다중지능 검사 개발 연구」
「강점지능 살리면 뜯어말려도 공부한다」(공저)
「훌륭한 의사를 기르는 인적 환경 -사례에서 구조까지-」
「뇌과학지식이 적용된 전생애 다중지능 계발 교육」
「다중지능, 일반지능 및 학업성취도의 관계분석」
『다중지능 숲 프로그램』(공저)

다중지능 관점에서 본
백범 김구를 성장시킨 인적 환경

초판인쇄 | 2009년 6월 20일
초판발행 | 2009년 6월 20일

지은이 | 류숙희
펴낸이 | 채종준
펴낸곳 | 한국학술정보㈜
주 소 | 경기도 파주시 교하읍 문발리 파주출판문화정보산업단지 513-5
전 화 | 031) 908-3181(대표)
팩 스 | 031) 908-3189
홈페이지 | http://www.kstudy.com
E-mail | 출판사업부 publish@kstudy.com

등 록 | 제일산-115호(2000. 6. 19)
가 격 21,000원

ISBN 978-89-534-4295-5 93370 (Paper Book)
         978-89-534-4296-2 98370 (e-Book)

내일을여는지식 은 시대와 시대의 지식을 이어 갑니다.